奥平亜美衣

目覚めて生きていく

Amy Okudaira

The Secret Of the Life

ナチュラルスピリット

はじめに

生まれる前、私はどこにいたの？

死んだらどうなるの？

この世界の仕組みはどうなっているの？

自分って何なの？

何のために生きているの？


この本を手に取った人は、今まで一度はそのような疑問を持ったことがあるでしょう。

私自身も、小さな頃からこのような疑問を抱き、このような事柄に関心を持って生きてきました。

そして、**本当のことを知りたい**と、ずっとそう思っていました。

その「本当のことを知りたい」という思いが行き着いたところは、**自分とはすべて、自分とは宇宙**であり、**この世界には本当は何もなく、人生は仮想現実ゲーム**だということでした。

私は小さい頃から、自分というのは肉体に閉じ込められた限定的な存在ではなく、自分と世界はつながっている、自分と世界は一体である、と感じていましたが、それが最終的には、自分とはすべてである、というところにたどり着いたのです。

それが**目覚め**と呼ばれていることです。

本書は、第一部で自分とはすべてだということ、第二部では人生ゲームの攻略法について書いた本です。つまり、私なりに、目覚めについて、そして、目覚めて生きていくということについて書いたものです。


この世界にはたくさんの人が存在しますが、自分の本当の姿や、人生ゲームの仕組みやルールを知らないで一生を終える人が大半です。しかしその場合は、何のための人生かもわからず、目の前の欲望に翻弄されたり、環境や他人に悩まされながら一生を終えてしまうでしょう。

本当の自分とは、何なのか？

そして、世界とは、人生とは何なのか？

本書が、そのことについて考え、そして、あなたらしい幸せな人生を送るきっかけになれば幸いです。

目次

はじめに　1

第一部　空《くう》　11

第一部ー一　すべては空　この世は空　12

この世のあらゆるものは、実体がない　12
空からすべてが生まれる　21
今、ここには本当に何もない　24
この世界は、データが投影されたデジタル立体映像世界　27
世界の本質は、データであり情報　33

宇宙のすべてが記録されたデータ　37
この世界の次元構造　42

第一部-二　「すべて」であるあなた　51

すべてはひとつ、それはあなた、あなたは何にでもなれる　51
全体というデータの海から個としてのあなたが映し出される　54
肉体の死を迎えたらどうなる？　56
輪廻転生とカルマ　58
輪廻転生の仕組み　62
生命の目的　66
個であり、全体であるあなた　69
ひとり一宇宙　72
「私」とは何か？　「自分」とは何か？　74

本当のあなた　79
神と何か？　82
愛とは何か？　84

第一部－三

目覚め　87

あなたはすでにそうである　87
目覚めとは何か？　91
目覚めるためにすること　94
目覚めの体験　98
悟りに至るヨガや修行　101
目覚めへの道筋　108
目覚めたらどうなるのか？　115
目覚めて生きていく　120

第二部 色《しき》 123

第二部-一 人生ゲームの仕組み 124

人生ゲームを楽しんでやり切る 124
自由意志はあるのかないのか 126
人生の設定・シナリオ 134
ゲームのルールと仕組み 136
シナリオを知る方法 138
引き寄せの法則 142
引き寄せの法則の真実 144
認識が現実化する 147
人とのご縁 149

同じような人を何度も引き寄せる理由　152
宿命には逆らえない　154
守護霊や先祖　158
まずはお墓参り　161
亡くなった人に会いたい　164

第二部－二

人生ゲームの進め方　166

人生ゲームのステージ　166
ステージの進め方　168
興味のあることを追求する　171
やりたいこととやりたくないことを見極める　174
頑張ることと頑張らなくていいことを見極める　176
このゲームの唯一の操縦方法　178

自分の信じていることを変えるには　180
いつでも願いは叶っている　183
鏡は先には変わらない　186
現実を変えようとするのではなく、受け入れる　190
湧き上がってくる望みは叶うようになっている　192
流れに乗る　197
とりあえず、来るものを受け入れる　203
サインを見極める　206
乗り越えなければいけない壁とSTOPサインの違い　208

第二部-三　人生ゲームを進めていくうえで大切な考え方

第二部-三　人生ゲームを進めていくうえで大切な考え方　212
まずはとにかく、いい気分でいること　212
コントロールするのは自分だけ　215

正解を求めなくていい　219
結果にこだわらない　222
こうあるべきを手放す　227
すべては善きことのために　230
善悪の基準　233
失敗はなく、経験があるのみ　235
被害者意識から抜ける　239
恐れは手放さなくていい　242
自分とはすべてだ、という視点に立つ　245
自然体であなたらしく生きる　249

あとがき　252

第一部

空《くう》

第一部—一 すべては空 この世は空

この世のあらゆるものは、実体がない

色即是空《しきそくぜくう》　空即是色《くうそくぜしき》という言葉は、日本で暮らし、仏教に多少なりとも馴染みがある人であれば、誰でも聞いたことがある言葉だと思います。

これは、**般若心経《はんにゃしんぎょう》**※1という仏教の経典《きょうてん》にある言葉で、**形のあるものはすべて、実体はない。実体のないものは、形のあるものである**、という意味ですが、これだけ聞いても、どういう意味なのかわからないと思う人は多いかもしれません。

※1 **般若心経**　正式名称は般若波羅蜜多心経（はんにゃはらみったしんぎょう）。「般若」は真実や本質を見抜く力。「波羅蜜多」は生死の苦海を渡って涅槃の彼岸に達すること。般若心経は、６００巻におよぶ般若経の真髄を、わずか２６２文字で表したもの。主に空（くう）の思想を説く。

物質や現象
それはすなわち
実体のないもの

色《しき》即《そく》是《ぜ》空《くう》

実体のないもの
それはすなわち
物質や現象

空《くう》即《そく》是《ぜ》色《しき》

形のあるものはすべて
実体はない

実体のないものは
形のあるものである

形あるもの、それはつまり私たちが物質と呼ぶもの、目に見えるもののことですが、私たち人間の身体も含め、目に見えているすべての物質とは一体何なのでしょうか？

物質は、分子や原子でできているということは、小中学校で習います。

原子の中には**原子核**があり、その周りを電子が回っていて、その他は空洞ですが、それは、東京ドーム（原子）の中心にパチンコ玉（原子核）が置かれているようなものであり、**原子はほぼ空洞です。**

さらに、原子核は**陽子**と**中性子**が強い力でくっついたものですが、陽子と中性子それぞれは、**クォーク**という極めて小さい素粒子3つからなることがわかっています。陽子をサッカー場とすると、クォークはせいぜいアリの大きさなのです。

つまり、人間の身体も含め、すべての物質はほぼ空っぽ、実体は何もないということなのです。**私たちの身体も、本来はスカスカです。**

物質はほぼ空っぽ
私たちの身体もスカスカ

原子が東京ドームの大きさだとしたら

原子核はパチンコ玉の大きさ

つまり、**原子の中はほぼ空っぽ**

陽子がサッカー場の大きさだとしたら

クォークはせいぜいアリの大きさか

つまり、**陽子の中もほぼ空っぽ**

人間
1.6m

原子
10^{-10}m（100億分の1m）

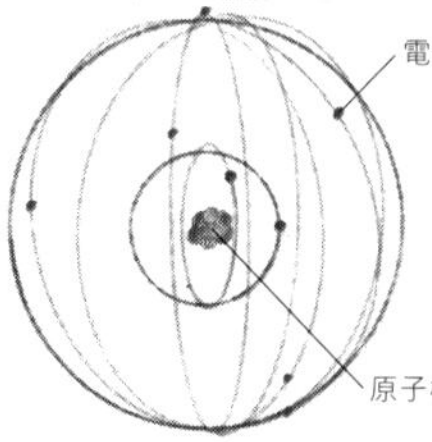

原子核
10^{-14}m（100兆分の1m）

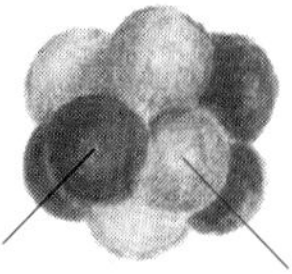

陽子
10^{-15}m（1000兆分の1m）

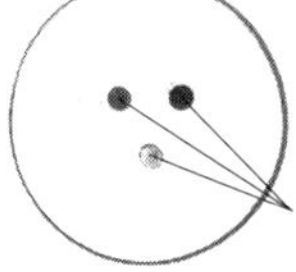

クォーク
10^{-19}m
（1000京分の1m）以下

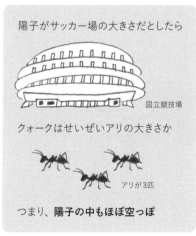

このように物質を限りなく細かくしていくと、**素粒子**にたどり着きます。

素粒子

物質を構成する最小単位。物質を形成する素粒子(クォーク6種、レプトン6種)、力を与える素粒子(光子、グルーオン、W粒子、Z粒子)、質量の起源となる素粒子(ヒッグス粒子)の計17種類がこれまでに確認されている。こうした素粒子の振る舞い方を研究して、物質の成り立ちを明らかにしようとするのが量子力学。

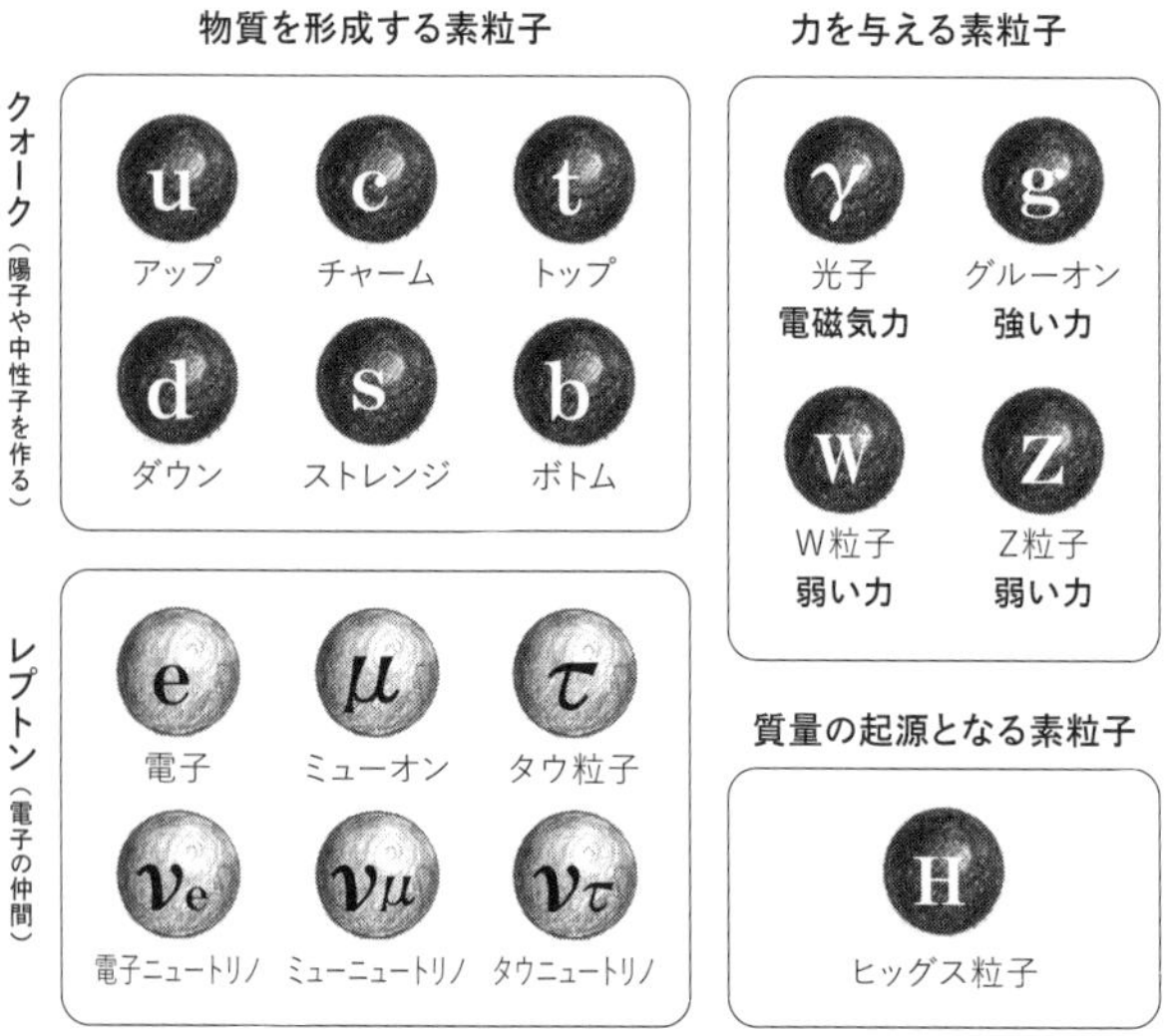

その素粒子は実は、**粒子**の性質を示すこともあれば、位置を確定できない**波動**の性質を示すこともあり、確固としたものではありません。

素粒子は粒子でもあり波動でもある

粒子とは、点として現れ、位置を確定できるもの。**波動**とは、波のうねるような動きで、空間を伝播していくもので、位置は確定できない。

光を2つの細い穴（二重スリット）に通すと…

粒子だったらこうなるはず

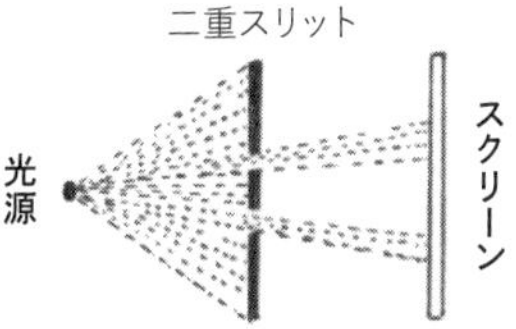

波動だったらこうなるはず

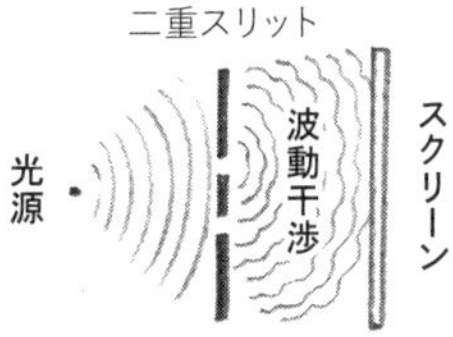

電球で実験してみたら、波動の性質を示した
1805年頃のヤングの実験。光源を電球で行うと、スクリーンに縞模様が現れた。縞模様は、2つの波が干渉して起こる現象（波動干渉）なので、光は波動であることがわかった。

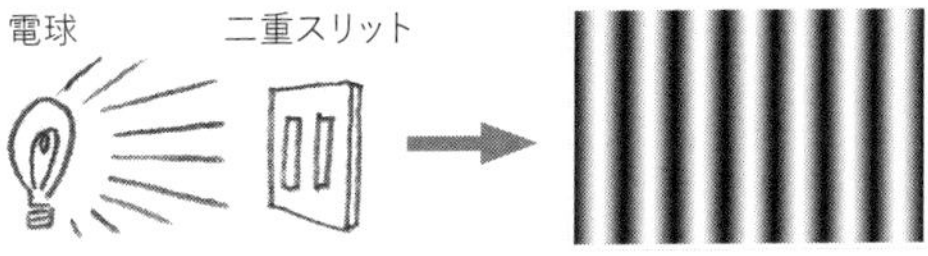

電子銃の実験では、粒子と波動、両方の性質を示した
素粒子のミクロの世界ではどうか。20世紀後半、技術が進歩して、二重スリットに電子を1つずつ無数に打ち込む実験が行われた。その結果、粒は粒なのだがその分布に縞模様が現れた。つまり電子は、粒子でもあり波動でもある。

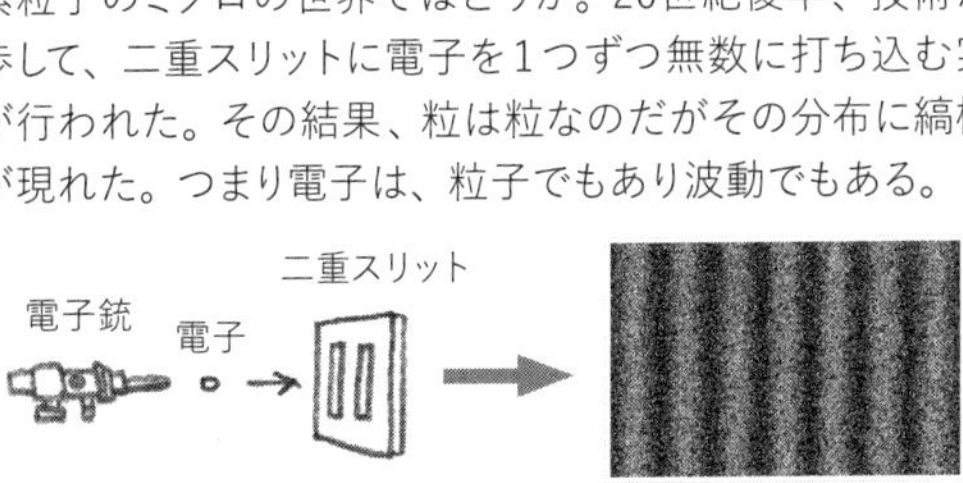

現在では、電子だけでなく、**素粒子はすべて、粒子と波動、両方の性質を持っている**ことがわかっている。

それでも、私たちの目には、物質が存在するように見えるし、触れることができるように思います。

例えば、手でテーブルに触ると硬いと感じます。でも実際は、手とテーブルの間に反発する力が働いているからそう感じるのです。風が前から吹いてくれば、そこに何もなくても抵抗を感じるのと同じです。

宇宙には、素粒子を媒介として働く**4つの力**があるとされています。

本当は、目に見えない**素粒子**と**力**が存在しているのみなのです。それはただ、エネルギーが存在していると言っていいでしょう。物質という確固たるものは存在しません。

つまり、**物質を追求していくと、物質は消失する**のです。

結局のところ、実体は何もありません。

仏教の伝える色即是空とは、**この世界の本質とはエネルギーであり、それは目に見えないものであり、実体のないものである、**ということなのです。

この世は空《くう》、すべては空なのです。

宇宙には4つの力がある

電磁気力

光子による力。原子核と電子をくっつけて原子を作ったり、原子と原子をくっつけて分子を作ったりして、そこから**さまざまな物質を作る**。また、電磁気力が波として伝わると、その波長により電波、赤外線、可視光線、紫外線、x線、γ線になる。

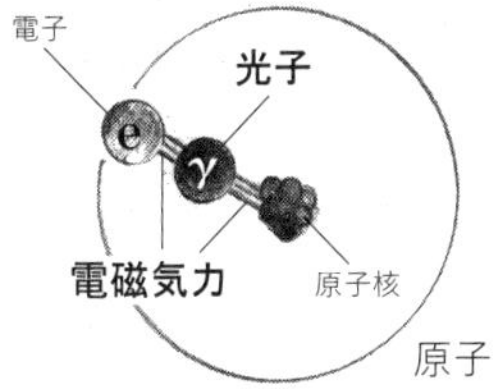

強い力

糊のような性質の**グルーオン**は、3つのクォークを結びつけたり、陽子や中性子を結びつけたりして**原子核を形作っている**。その力は強く、電磁気力の100倍程度。強い力は核力、原子力とも言われ、この力が崩壊するときは膨大なエネルギーが放出される。

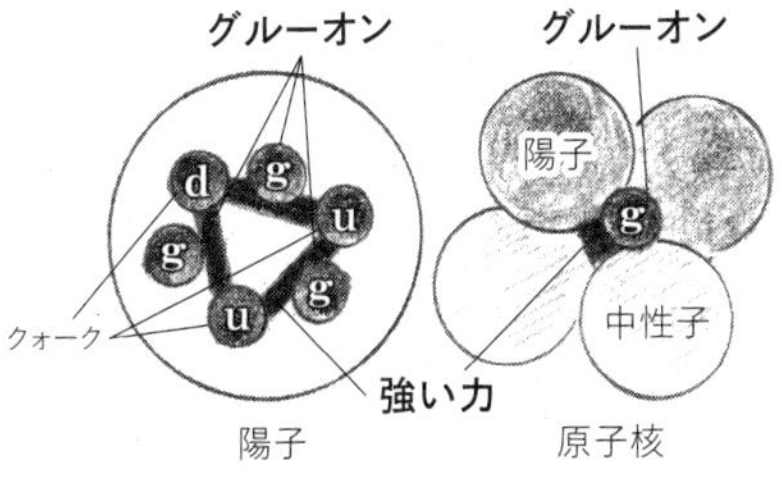

弱い力

電荷を持つ**W粒子**や中性の**Z粒子**により、陽子を中性子に、電子をニュートリノになど**素粒子の種類を入れ替える**。その力は電磁気力の1000分の1程度だが、放射性崩壊をつかさどり、恒星の持続的な核融合や、地球内部の高温・高気圧の維持にも必要とされる。

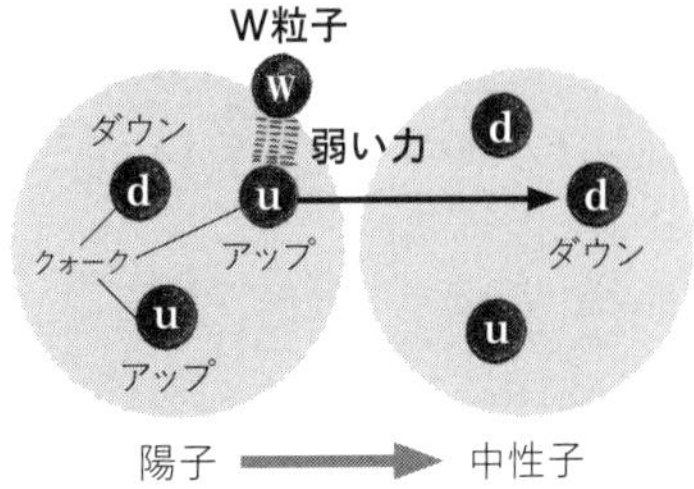

重力

重力は、私たちを地面に押し付けたり、太陽が地球をつなぎ止めたり、空の彼方で渦巻き星雲やブラックホールを形作ったりなど**スケールは大きいが、**その力は他の3つの力に比べて**極めて弱い**。重力を伝えるのは**重力子**（グラビトン）という未発見の素粒子。

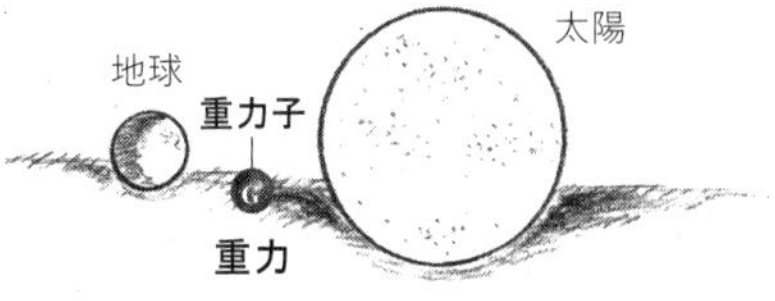

それを**お釈迦様**《しゃか》※2は、科学の発達していない原始的な時代に自ら悟ったのです。

「あらゆるものには実体がない」という事実を悟るために、古来、仏教僧やインドの**ヨガ行者**《ぎょうじゃ》※3など、厳しい修行をしてきた人もいます。それはほんの一部の人の間でしか共有されていないものでした。

しかし、現代において、それは科学によって解き明かされようとしていて、**もう少し時間が経てば、当たり前のこととして誰でも知っているというような時代が来るのではないか**と思っています。

はるか昔に、この世界には実体はないという悟りにたどり着いたお釈迦様には畏敬の念しかありませんが、現代では、悟りや目覚めとは高尚なことでも特別なことでもなく、ただ事実をありのままに受け入れることだと私は思っています。

※2 釈迦 仏教の開祖であるガウタマ・シッダールタ（紀元前563年～紀元前483年、諸説あり）。35歳で悟りを得て80歳で没するまでの45年間、古代インド全域で教えを説いた。「シャーキャー族の聖者」という意味の釈迦牟尼（しゃかむに）を略して釈迦と呼ばれた。

※3 ヨガ行者 ヨガは古代インド発祥の宗教的行法。心身、感覚器官を鍛錬によって制御し、精神を統一し、心の働きを止滅させ、輪廻からの解脱に至ろうとするもので、現代の心身の健康法としてのヨガとは目的が違う。ヨガの修行に生涯を捧げた人がヨガ行者（101～104ページも参照）。

空からすべてが生まれる

何もない、それはつまり、**真空**である、ということですが、現代の物理学において、真空というのは本当に何もないのではなく、そこには**無数の粒子が出没していて、それらはエネルギーである、**ということがすでにわかっています。

これらは、絶対に観測されることはなく、温度もないものですが、そこにはエネルギーが実在するということがすでに判明しているのです。

なかなか理解し難いことではありますが、**無から有が生じている**のです。

真空

何もないはずの真空にも、磁場や電場などの「場」がある。場がゆらぐと瞬間的に粒子（**仮想粒子**）が対生成、対消滅している。

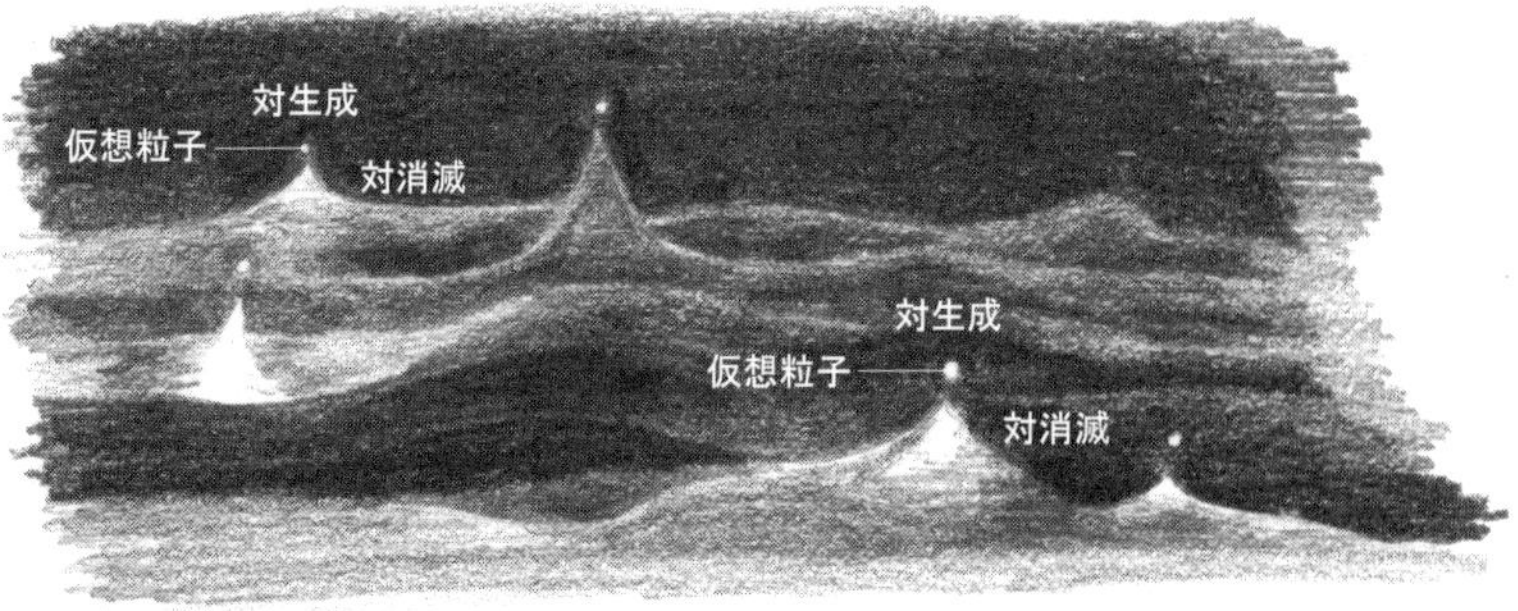

その無（真空）は、観測することのできない粒子（仮想粒子）で満たされており、その粒子からすべては生まれているのです。

そもそも、真空の中の粒子は、温度も質量も何もない無でしたが、宇宙創造のある時点で異変が生じ、質量を獲得するようになります。**ヒッグス粒子**（ヒッグス場）が粒子に質量を与えているということがわかったのです。

そして、物質を構成する原子や分子が誕生し、やがて生命が誕生したのです。

まさに、無から有が生じるのです。

つまり、空（無、真空）は、**創造性そのもの**とも言えます。

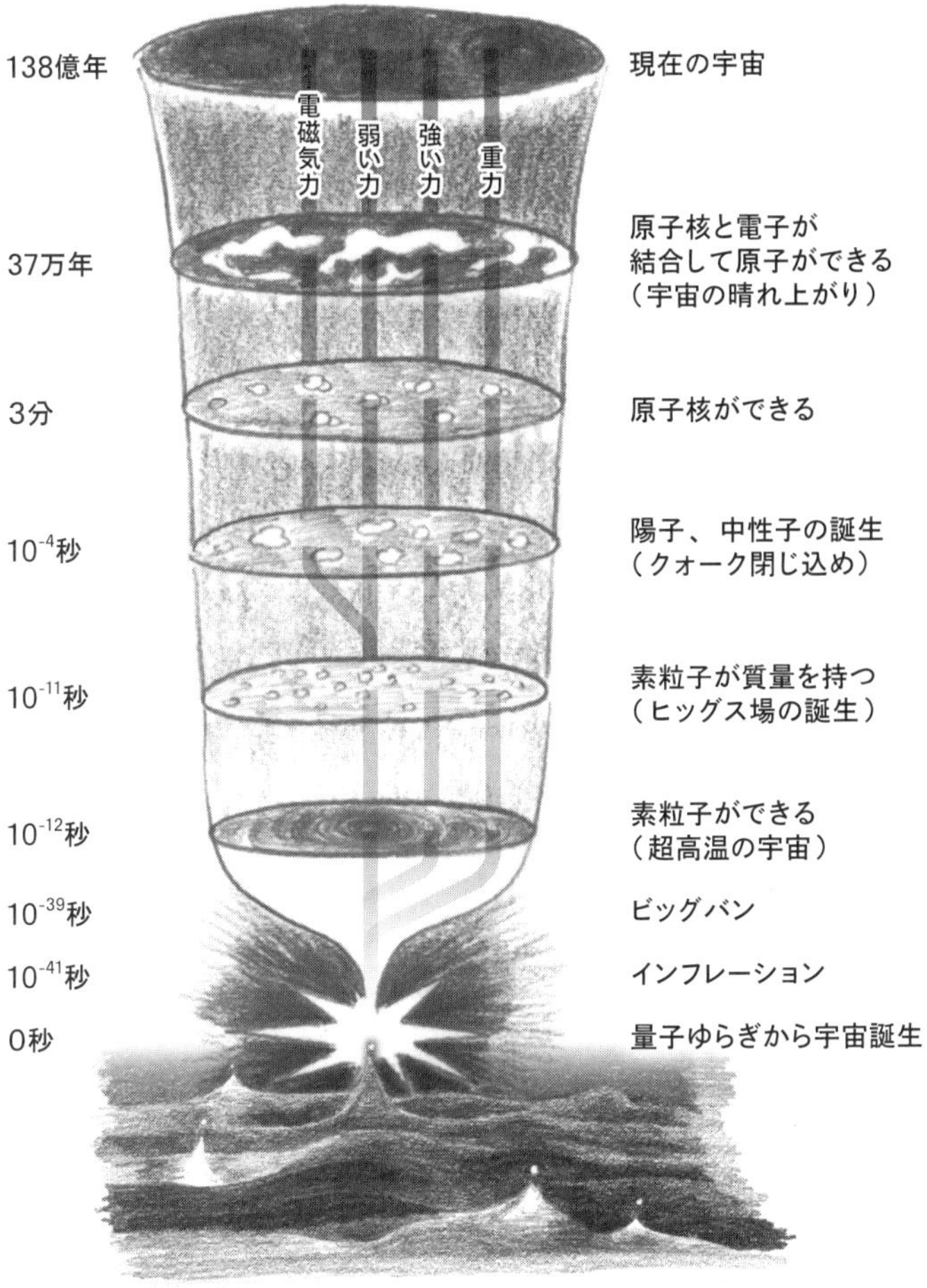

宇宙は真空から生まれた

現代の科学では、あるとき、真空の小さな「ゆらぎ」から宇宙が誕生したと考えられている。

今、ここには本当に何もない

この世界には本当に何もない、ということを別の角度から考えてみましょう。

空《そら》を見上げると、晴れた日なら太陽、夜には月やたくさんの星たちが見えると思います。これら果てしなく遠くにあるものというのは、光が地球に届くまでにとても長い時間がかかるので、**私たちの目に見えている太陽や月や星は過去の姿**だと聞いたことはないでしょうか？

見えるということは、言い換えると「光が目に入る」ということです。自らが光を放つ恒星は、その星から出ている光が目に入って見えていますが、月など自らが光を放たないものは、それに反射した光が見えているということです。

そして、例えば地球から光で8年かかるところにある恒星を見ているとすれば、それは、その星の8年前の光を見ているということです。

つまり、遠くに見える太陽や月や星たちが過去の姿であるということは、遠い、近いの差があれど、**目に見えるものというのは、すべて過去**ということです。

目に見えるということは、実はそれは、過去に存在するものということになります。私たちは常に、過去の映像を見ているだけなのです。

目の前のこの本やパソコン、テーブルやコップも、ほんの一瞬ではありますが、過去の姿です。

今を見ることは決してできないのです。

つまり、今には何もないのです。

では、その過去を見ているものは何でしょうか？

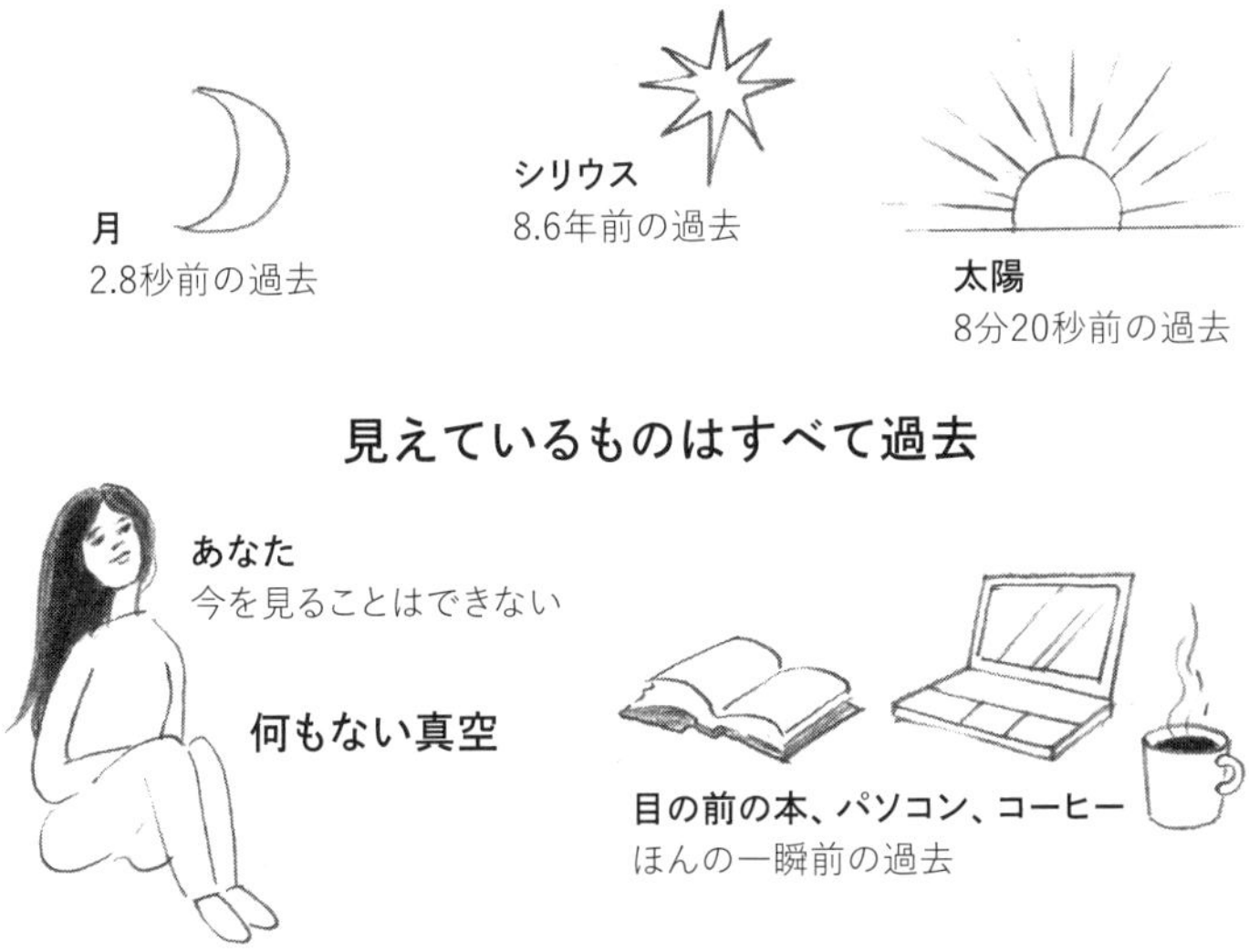

過去を見ているものとは、**何もない真空**です。無であり空であるもの、それが、過去の映像を認識しているのです。

そして、見ているのは**あなた**です。

つまり、あなたとは空（無、真空）なのです。**すべてを認識しているもの**です。

そして、それこそが**生命**なのです。

この世界は、データが投影されたデジタル立体映像世界

この世界には、本当の本当に何もないのです。

無、空、真空などと呼ばれるものがこの世界の本質ですが、さらに最先端の物理学では、その本質は**データ**であり**情報**である※4とされています。

そこで、私たちが、何らかのデータを再生するときのことを考えてみてください。

データという目に見えない形のないものがスクリーンに映し出されると、そこには何かがあるように見えますし、何らかのストーリーが展開しているかのように見えます。

しかし、その実体はデータです。

※4　この世界の本質はデータであり情報である　物理学者ジョン・A・ホイーラーが提唱した理論。ホイーラーによると、どんな物理的現実も純粋な情報に還元できるという。ホイーラーは自伝の中で「最初私はすべては粒子であると思い、次にすべては場であると思い、今はすべては情報であると思っている」と語っている。

色即是空
空即是色

私たちの見る映像は、通常はスクリーンに映し出された2次元のものですが、最近では、3次元であたかもそこに本当に物質があるかのように映し出される技術もあります。

身近にも、すでに体験できるところがあります。

ディズニーランドの『美女と野獣』のアトラクションでは、何もないところから野獣が現れて、それが王子に変身します。私たちの目には、そこに野獣や王子が本当にいるかのように映ります。

また、以前、ユニバーサル・スタジオ・ジャパンに、『鬼滅《きめつ》の刃《やいば》ライド』という期間限定のアトラクションがありました。そのアトラクションでは、ゴーグルをつけると、そこに別の世界（『鬼滅の刃』※5の世界）が広がっていて、そしてそのままジェットコースターに乗るのですが、そのコースターの動きと目に映る別の世界がシンクロしていて、**まるで本当にその世界に入ってしまったかのような感覚になる**という、全く新しいアトラクションでした。

※**5『鬼滅の刃』** 吾峠呼世晴（ごとうげこよはる）による漫画作品で、アニメ化もされている。鬼に家族を襲われた少年が、妹が鬼にされてしまったことを知り、彼女を人間に戻すために鬼狩りの剣士となる姿を描いている。

そのときは娘と乗りましたが、そのゴーグルをつけた瞬間、まず隣にいる娘が消えました。隣の娘を触って確認しなければ不安になるほど、本当に消えるのです。自分の身体も、乗っているジェットコースターも消えます。そして、前後左右どこを見渡しても、広がっているのは『鬼滅の刃』の世界。本当はそこに『鬼滅の刃』の世界があるわけではなく、そこにキャラクターたちがいるわけでもありませんが、そこにいるようにしか見えないし、そこで物語が展開しているようにしか見えないのです。5分ほどの間だと思いますが、その間、その世界に本当に入り込んでしまったのでした。

そしておもしろかったのが、私も、娘も、同じ**仮想現実**※6を共有していたということ。

地球にいる私たちは、このように、**同じデータ、同じ映像を共有している**と言えます。

そして、この世界が仮想現実ということは、普段の私たちの状態も、これと同じようなものだということです。**肉体という装置**、つまり、目というゴーグルと脳という変換器をつけているから、目の前の世界があるように見える。目から入ってきた光を網膜で電気信

※6 仮想現実 バーチャルリアリティー（略してVR）とも呼ばれる。コンピュータなどの電子技術で人工的な環境を作り上げ、人間の感覚器官に働きかけ、あたかもそこにいるかのような現実感を作り出す装置。

号に変え、その信号を脳に伝達して、イメージとして再生しているのです。そうした機能をもつ肉体に入り込んでいるから、**毎日の体験、経験があるように感じる**のです。

私たちには、物質はひとつの塊のように見えますが、実際は先ほどご紹介したように素粒子の組み合わせであり、素粒子が並んでいるだけなのです。

それは、テレビやパソコンの画面が、実際はひとつひとつの細かいピクセルでできているのに、私たちの目にはつながっているように見えるのと同じです。昨今では、3次元の仮想空間に入る体験のできるメタバース※7というものも生まれてきました。

私は、この世界はデジタルであり、この世界の本質である素粒子とは情報をもったデータであり、そして、私たちは、そのデータが立体的に映し出された仮想空間、つまり、メタバースの中にいるようなものだと思っています。

※7 メタバース 「メタ（超）」と「ユニバース（宇宙）」を組み合わせた造語。インターネット上に構築された3次元の仮想空間サービス。ユーザーは自身の分身であるアバターとしてアクセスし、コミュニケーションやエンターテインメント、ショッピングなどを楽しめる。

世界の本質は、データであり情報

この世界はデジタルであり、その本質はデータであり情報である、と考えたとき、

「すべてのものには実体はない」
「時間はない」
「過去も未来も今ここに、すべては同時に存在する」
「パラレルワールド※8の存在」

など、素直に納得できると思います。

※8 パラレルワールド 観察者が存在する現実世界から、過去のある時点で分岐して、併存するとされる世界。並行世界、並行宇宙とも呼ばれる。

デジタルだったら、いくらでもデータは作り放題です。作り放題ですが、**実体があるわけではありません。**そして、**何もないところからすべてが生まれる**というのもその通りです。

データの状態では、**時間はありません。**例えば、1冊の本がそこにあったとして、そこに書かれているストーリーには最初から最後までの**すべての時間、すべての出来事が同時に存在しています。**つまり、時間はありません。

しかし、それを読み始めたり、語り始めたりすると、そこに時間が生まれます。

1冊の本にたとえると

本の中には、すべての時間、すべての出来事が同時に存在している。

あなたが本を開くと、そこに過去・現在・未来の時間が生まれる。

そのように、データの状態では時間もないし、すべては同時に存在するのですが、再生を始めると、そこに時間が生まれるのです。そもそもすべてはデータですが、**あなたの人生が始まると、時間が発生する**ということです。

つまり、**過去はすでに再生されたデータで、未来はまだ再生されていないデータ**です。

また、誰でもたまには正夢を見たり、本当に未来を予知できる能力を持っていたりする人がいますが、これは、データとしてすでに存在するので、それを何らかの方法で見たり感じ取ったりすることのできる場合がある、ということです。

また、物質そのものは消失する（真空の状態に戻る）ことはあっても、情報はなくなることはありません。例えば、ある本を読んだとして、その本が燃えてしまったとしても、そこに書かれていた情報がなくなるわけではありません。

その情報は、誰かの記憶の中だったり、その情報が何かに使われていたりと、残ります。

物質の本当の姿は情報であり、情報は永遠に残るのです。

本は消えても情報は残る

宇宙のすべてが記録されたデータ

量子物理学では、まだ仮説の段階ではありますが、**ゼロ・ポイント・フィールド仮説**※9と言って、ゼロ・ポイント・フィールドという場に宇宙のすべての情報が記録されているという説が

※9 ゼロ・ポイント・フィールド仮説　物質は存在しないがエネルギーは存在する真空（量子真空）の中にゼロ・ポイント・フィールドと呼ばれる場があり、この場に、この宇宙のすべての出来事のすべての情報が記録されているという仮説。量子真空は、138億年前に宇宙を生み出した場であり、現在もこの宇宙に普遍的に存在する。情報は、ホログラフィー原理（光の波動性を利用して3次元の情報を記録・再生する技術）で記録されているので、減衰せず、アクセスも可能とされる。

情報は残る。
では、どこに？

ゼロ・ポイント・フィールド

宇宙を生み出し、今も宇宙のあらゆるところにある量子真空にすべての情報が記録されているのかもしれない。

あります。

このように、宇宙のすべての情報が記録されていると聞くと、**アカシックレコード**※10が思い浮かんだ人も多いかもしれません。

※10 アカシックレコード アカシャ（虚空）は、インド哲学で物質の根源である地、水、火、風を生み出す母体となるもの。19世紀後半、神智学協会のブラヴァツキー夫人は、アカシャには、宇宙誕生以来のすべての存在について、あらゆる情報が蓄えられていると説いた。個人についても、前世を含めた過去から未来まで、すべての魂の情報が記録されているアカシックレコードがあり、無意識のうちにアクセスしていたり、呼吸法やタロットカードなどの方法で意識的にアクセスしたりすることもできるという。

アカシックレコード

万物を生み出すアカシャ（虚空）には、個人の魂の情報を含め宇宙のすべての情報が記録されているという。

また、仏教でも、阿頼耶識《あらやしき》※11と呼ばれる、すべてを有し、すべてを保持し、すべてがそこから生まれるという宇宙の根源とされる領域があります。

古代から伝えられたきたこれらが、今、科学でも証明されようとしているのです。

※11 **阿頼耶識**　仏教用語。「ひとり一宇宙」「あらゆる存在は心がつくり出した影像にすぎない」という唯識論に基づいて、心のあり様を説く。眼(げん)、耳(に)、鼻(び)、舌(ぜつ)、身(しん)、意(い)の表層心のほかに、自我執着意識である末那識(まなしき)と、あらゆる存在を生み出す根本となる阿頼耶識がある。この阿頼耶識に今世(こんぜ)のすべての経験を種のように蓄積し、それをもとに来世で個我を形成する。

表層心	眼識《げんしき》 耳識《にしき》 鼻識《びしき》 舌識《ぜつしき》 身識《しんしき》	感覚	それぞれ固有の対象を持ち、言葉なしで対象を直接に把握する
表層心	意識《いしき》	思考	5つの感覚とともに働き、感覚を明瞭にする言葉を用いて概念的に思考する
深層心	末那識《まなしき》	自我執着心	眼、耳、鼻、舌、身、意の背後で働く自我意識。心がエゴで汚れる原因となる
深層心	**阿頼耶識《あらやしき》** (一切種子識《いっさいしゅうじしき》)	根本心	心の最奥にあり一切を生み出すもの。今世の経験を種として来世の個我を作る

心の最奥には、一切を記録し、一切がそこから生まれる宇宙の根源、阿頼耶識があるという。

そして、最新の物理学では、この宇宙のすべての物質は、その情報が宇宙の壁から投影されているものだという理論（**ホログラフィー原理**[※12]）もあります。

これは、私たちがいる3次元空間は、宇宙の壁に記されたデータから映し出されているのではないか、ということが示唆されているのです。

※12 ホログラフィー原理　物理学者のファアン・マルダセナは、重力のある3次元空間は、重力のない2次元空間と計算上、同等になることを予想した。それはつまり、私たちが現実と感じている3次元空間は、ホログラムから生まれる立体映像のように、2次元空間の情報から生じている幻なのかもしれないということだ。

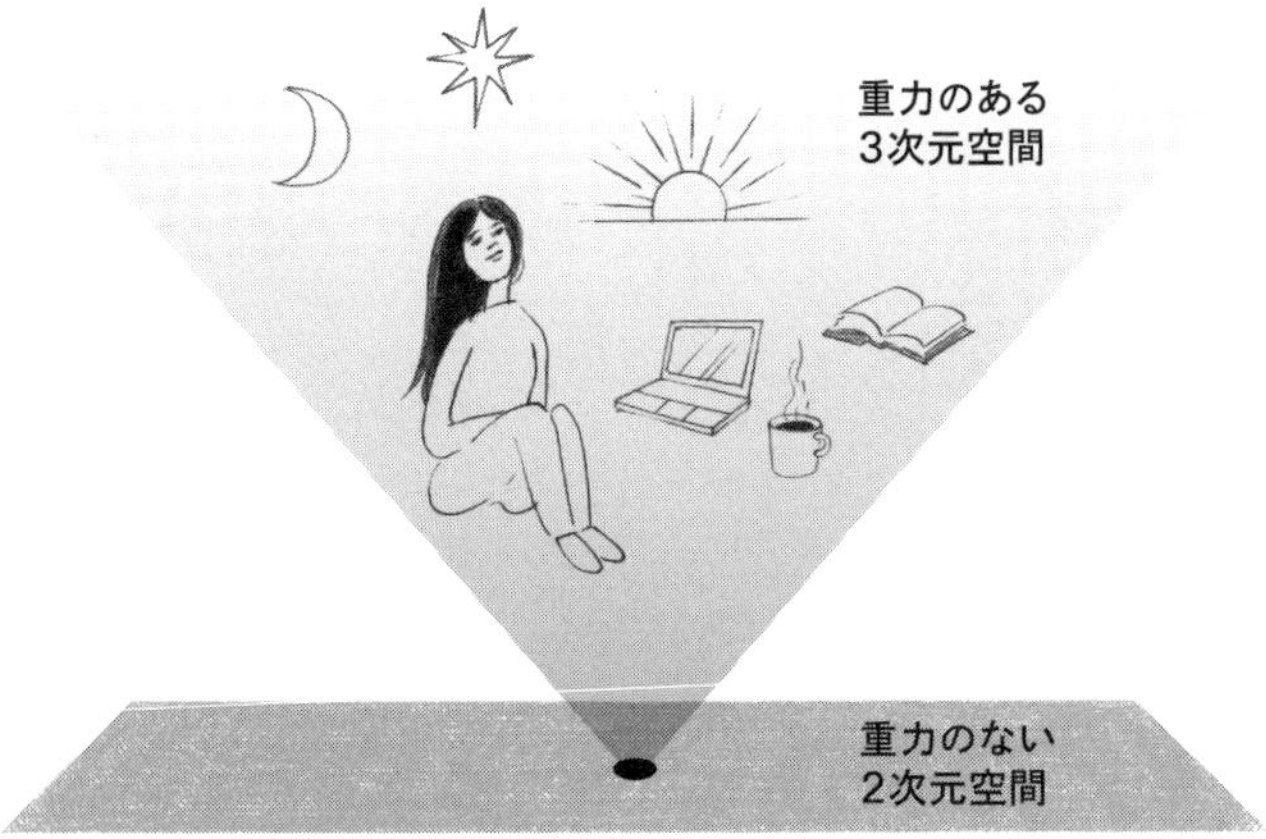

ホログラフィー原理

ある物理学者は、私たちが感じている現実は、2次元情報から生じる幻かもしれないという。

たとえ幻であっても、情報は残る。「あなた」という存在は永遠。

本来は、データ、情報があるのみなのですが、私たちの身体がＶＲゴーグルのような機能を果たし、あたかもそれが現実に存在するかのように映し出されている――それが私たちが現実だと思っている世界の正体だと完全に証明されたわけではないものの、その可能性が高いと思っている科学者も多く、また**私自身は、この世界は立体仮想映像世界、メタバースの中でほぼ間違いないと思っています。**

そして、この世界がデータの映し出された仮想現実なら、その中の人間も仮想ということになります。**あなたの本質は肉体ではなく、情報でありデータであるということです。**

しかし、物質は消失しても、情報は残るということは、**「あなた」という存在は永遠**だということです。

この世界の次元構造

繰り返しになりますが、この世界の本質は**データの海**なのです。目に見えるものは何もないけれど、すべての可能性を含んでいるもの、そして、すべての創造の源——本来はそれしかありません。

仏教で空と呼んでいるものは、このデータの海を指しています。

そして、このデータの海が、自分自身を知るために映し出しているのが、この宇宙、この仮想現実世界なのです。

そして、私たちが感じている現実、この仮想現実世界は、私たちの目からは1～3次元しか見えませんが、物理学者の間では、**計算上、10～11次元まであるということがわかっています。**物理学者が〝万物の理論〟として期待する理論が、10～11次元を必要とするからです。

そもそも、なぜ、素粒子はたくさんの種類があるのか。そしてなぜ、4つの力のうち重力だけは数式に組み込もうとすると破綻するのか。何かもっと統一的に説明できる答えがあるのではないか——そして、物理学者がたどり着いたのは、実は素粒子は点ではなくひもで、そのひもの形や振動の仕方で、たくさんの種類の素粒子があるように見えているだけではないかという**ひも理論（超弦《ちょうげん》理論）**[※13]でした。

※**13 ひも理論（超弦理論）** 万物は17種類の素粒子と4つの力からなるとされる理論は「標準理論」と呼ばれるが、1960年代から70年代中頃までに確立され、実験により確認されてきた。しかし、宇宙を支配する4つの力「電磁気力」「強い力」「弱い力」「重力」のうち、「重力」だけはうまく取り込めなかった。これに対して、ひも理論（超弦理論）は、1970年代初頭に提唱され、その後、発展した理論で、17種類の素粒子も、重力を生むとされる未発見の素粒子の重力子も、すべてひとつの「ひも」で説明できるとした。ただし、ひもの大きさは限りなく小さく、その存在を実験で確認できないので、期待は大きいものの仮説の域を出ない。

そのひもは、端のある状態（開いたひも）では、**電磁気力**を生む光子、**弱い力**を生むW粒子とZ粒子、**強い力**を生むグルーオンの性質があります。また、輪になった状態（閉じたひも）では、**重力**を生むとされる重力子の性質があります。

つまり、ひも理論は、4つの力を統一的に扱えるので、**宇宙を支配する統一理論になりうる可能性がある**として、盛んに研究されるようになったのです。

そして、ひもの振る舞い方から、ひも理論には5つのタイプがあることがわかりました。でも、5種類もあるのはおかしい、ひもではなく膜として考えると、

閉じたひも

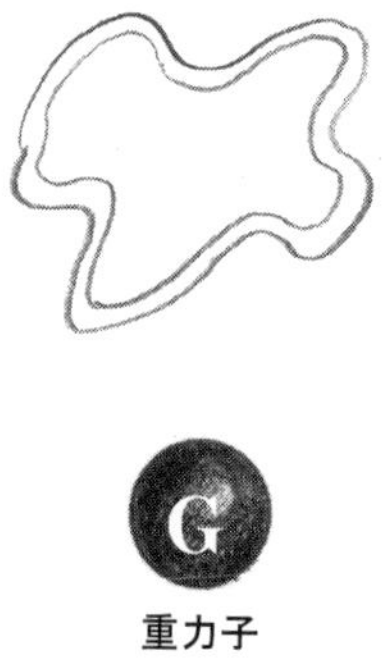

閉じたひもでは、重力を生むとされる**重力子**（まだ発見されていない）を説明できる

開いたひも

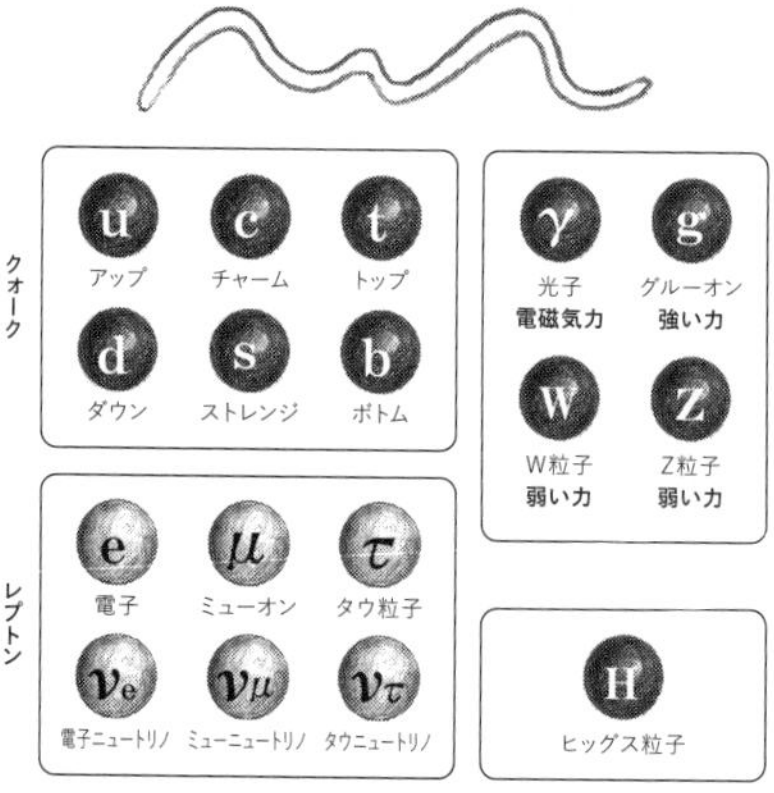

伸びたり縮んだりくっついたり切れたり、そして振動の仕方で**17種類すべての素粒子**を説明できる

すべてのタイプを説明できるのではないかという**M理論**※14まで提唱されるようになりました。

ただし、ひも理論は、ひもが存在する超ミクロな内部空間としての6次元と、わたしたちが感じられる4次元時空の、計**10次元**が計算上、必要とされます。

M理論では、線としてのひもではなく、面としての膜なので、計算上、次元がひとつ増えて、**11次元**になるというわけです。

※**14 M理論**　1995年、物理学者エドワード・ウィッテンが提唱した理論。ひもは、1次元の線としてではなく、2次元の膜（ブレーン）として考えると、5種類のひも理論はひとつの理論の見え方の違いにすぎないことがわかるという。

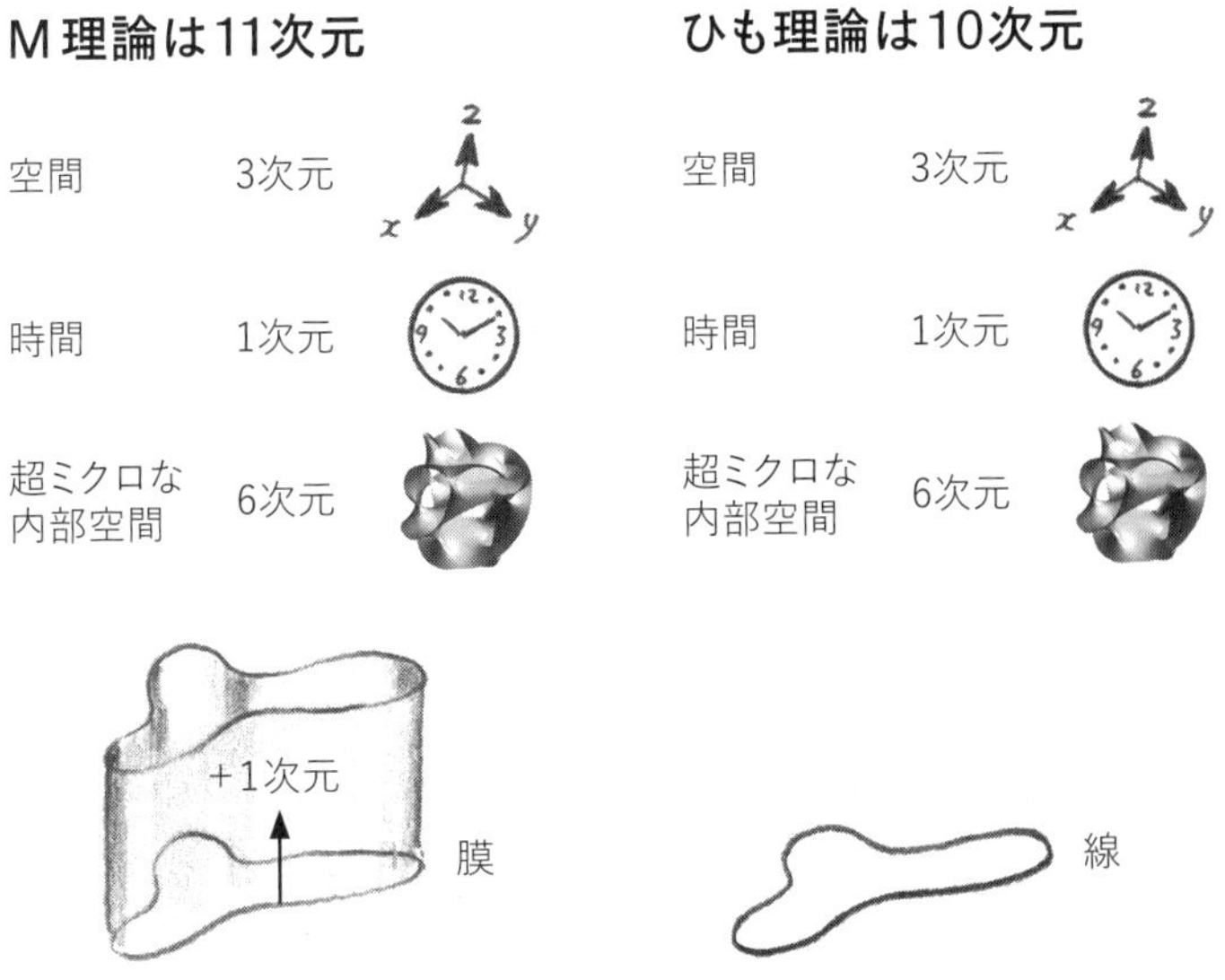

ともあれ、〝万物の理論〟にもう少しで手が届きそうという段になって、**超ミクロな内部空間としての6次元**※15という、私たちには見ることも感じることもできない次元が、突如、現れるのです。

※15 **超ミクロな内部空間としての6次元**　ひも理論（超弦理論）によると、ひもは、私たちが感じられる4次元の時空とは別のカラビ・ヤウ多様体という超ミクロな6次元空間にあると予想される。そうした私たちには感じられない次元が計算上必要とされるが、物理学者は、小さすぎて見えなくなっているものとして考えても差し支えないと言う。それは例えば、サーカスの綱渡りに使われるロープは、アリにとってはロープをぐるりと回る方向（2次元）もあるが、綱を渡る人にとってはロープは線（1次元）にしか見えないのと同じだからと説明される。

カラビ・ヤウ多様体

イメージしやすいよう2次元にスライスしたものの一例。このような6次元空間に万物の根源とされる「ひも」がある。

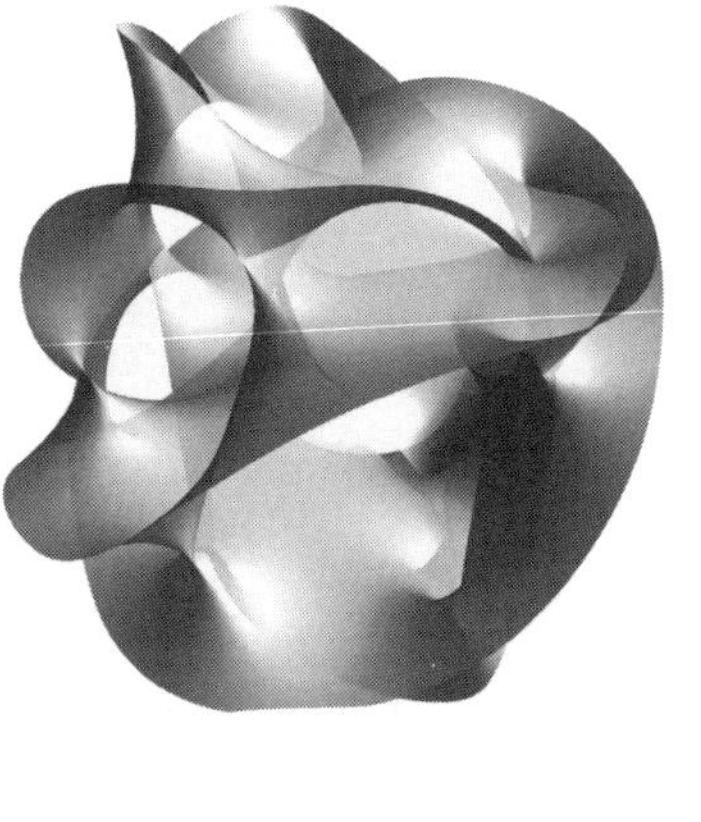

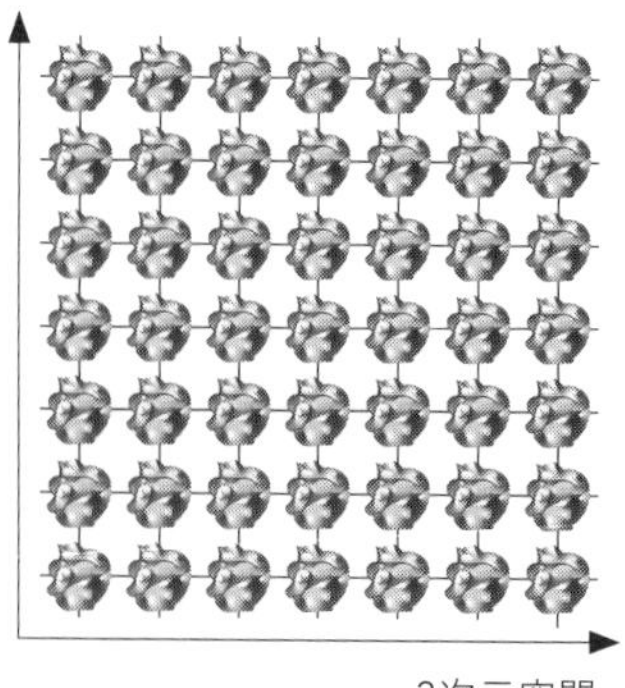

そして、4次元時空のすべての点に隠れ潜んでいると考えられている。

結局のところ、物質的に考えても、4次元以上はわかりません。なぜなら、最初にお伝えしたとおり、物質という確固としたものはないからです。

4次元以上は物質を超えた次元です。

2次元に存在する生物がもしいるとすれば、そこから3次元の存在は見ることはできません。それと同じで、4次元以上の世界を**私たちは見ることはできません。**

逆に、下の次元は自由に創造することができます。私たちが2次元のコミックや小説や映画を無限に創造できるのと同様に、4次元以上の存在は3次元の世界を無限に作ることができ、私たちのいる宇宙は、もしかするとそのひとつかもしれません。

上の次元は見ることも感じることもできないけれど、下の次元は創造し放題。

これがこの世界の仕組みです。

仏教でも、この世界の次元構造について、**十界**《じっかい》という生命の状態を10段階に分けたものがあります。

生命の状態の次元構造「十界《じっかい》」

絵は金陵山西大寺（観音院）「熊野観心十界曼荼羅」より

四《し》聖《しょう》

仏界《ぶっかい》
仏の悟りと救いの境地

菩薩界《ぼさつかい》
悟りを求め、衆生を救う
修行を重ねる者の境地

縁覚界《えんがくかい》
仏の教えによらないで、
自ら道を悟った聖者の境地

声聞界《しょうもんかい》
仏の教えを聞いて自ら悟ろうと
修行する者の境地

六《りく》道《どう》（輪廻転生する）

天界《てんかい》
前世にいい行いをした者が住む、
楽多く苦の少ない世界

人界《にんがい》
人間が住む世界。俗世

修羅界《しゅらかい》
争いや怒りの絶えない世界

畜生界《ちくしょうかい》
前世で悪徳を行った者が住む、
人間以外の動物の世界

餓鬼界《がきかい》
前世の悪行や貪欲の報いで、
絶えず飢えと渇きに苦しむ世界

地獄界《じごくかい》
悪業を重ねた者が死後おもむく
絶え間ない責め苦を受ける世界

インドネシアにある仏教遺跡の**ボロブドゥール寺院**[※16]も、この次元構造を現したものです。

仏教の十界は、下に行けば行くほど苦しみの世界、上に行けば行くほど安楽の世界ですが、考えてみれば、**苦しみも安楽も全部自分の中にあります。**

このように考えることでも、すべては

※16　ボロブドゥール寺院　ジャワ島中部にある大乗仏教の石造遺跡。750~850年頃に建立されたが、1814年に発見されるまで千年もの間ジャングルに埋もれていた。1辺約120m、高さ約42mで、方形6層の下部と円形3層の上部から成り、頂上にストゥーパがある。各層に設けられた回廊をめぐり上るにしたがって仏教の教義が理解される仕組みになっている。

自分の中にあり、自分とはすべてなのだ、ということがわかると思います。

これらの次元は、そういう場所がどこか別にあるのではなく、**今ここにすべて重なって存在しています。**そして、それはすべてあなたの中にあるのです。

そして、低次元でも高次元でも、どの次元にいても、あなたはあなたであることに変わりはありませんが、**低次元**にいればいるほど、**外の世界と自分は切り離された個であり力のない存在**と感じ、**中層次元**にいれば、**他の生命とのつながりの中で生かされている、すべては関係性で成り立っている**ということが理解できるようになり、**さらに上の次元**になればなるほど、**自分自身こそがすべて**であり、その存在こそが**この宇宙の一切を創り出した存在**であるということがわかるようになります。


また、次元というのは、空、つまり情報やデータが物質となるまでの段階を表していると考えることができると思います。この次元構造は、空という次元を最高として、そこから素粒子が生まれ、原子や分子が生成され、そして、物質になるまでの段階なのです。

つまり、**高次元に近づけば近づくほど、空の状態に近づきます。**十界で言えば、仏の状態というのが空の状態と言えます。

第一部-二 「すべて」であるあなた

すべてはひとつ、それはあなた、あなたは何にでもなれる

この世界が仮想現実であれば、その世界の中に生きる人間も仮想のものです。つまり、あなたという人間も仮想です。

では、本当のあなたというのは何でしょうか?

これまでお伝えしてきたように、**あなたとは、無であり空であり、すべて**です。あなたとは、制限のある存在ではありません。

空であり有であるもの、無であり無限であるもの、**何もないけれど、すべての可能性を**

秘めているひとつの意識、それがあなたです。

ですので、あなたは何にでもなれます。もし、あなたが喜びを選択したら喜びになれるし、悲しみを選択したら悲しみになれるし、勇気を選択したら勇気になれるし、退屈を選択したら退屈になれるのです。

あなたは、**あなたが定義した通りのあなたになれる**のです。

本当は、あなたが望むなら、あなたにできないことはないし、なれないものもないのです。それはあなたが「すべて」だからです。

そして、この世界は、ひとつの大いな

る意識（＝あなた）が**無数の分身**を生み出し、それぞれの視点から自分自身を見る、**自分自身を知る**ために、延々と仮想現実人生ゲームをしている世界と言えます。

あなたがあなたを通して自分を認識する、それが行われているだけ。**あなたの目を通じてものを見たり、聞いたり、考えたり、経験しているもの、それが本当のあなたです。**

結局、**すべては自分**なのです。

自分しかいないので、**自分が出したものが自分に返ってくる**のです。

第二部でもお伝えしますが、これがこの世に働いている引き寄せの法則です。

すべての物質は、素粒子から生まれていることをお伝えしましたが、物質を細かく分解していけば、結局は、すべての人も、動物も、植物も、ものも、何もかも、同じもので構成されているということがわかります。物理学では、物質の根本単位は何かということが追求され続けていますが、結局のところ、**あらゆるものは、全く同じものでできています。**

あなたは、切り離された孤独な存在ではありません。

あなたはすべてであり、すべてはあなたなのです。

全体というデータの海から個としてのあなたが映し出される

人間としてのあなた、個人としてのあなたは、すべてであるデータの一部を立体的に投影したものです。

例えば、ピアノが弾きたい、という思いがデータとしてあったとして、そのデータがその能力を持った肉体を映し出す、そのような感じです。

つまり、**個人としてのあなたの今回の人生**というのは、**全体のデータの一部を再生しているもの**なのです。

このデータというのは、他人と厳密に区切られているわけではなく、誰かと共有していたりすることもあります。

その**共有している人たち**が、**今世で縁のある人たち**です。共有しているから、人生のどこかで出会うようになっているのです。

そして、1回の人生が終わって、また別の人生が再生されるときは、今のあなたのデータがそのまま丸ごと引き継がれることもあるかもしれませんが、一部が引き継がれたり、あるいは、あなたのデータを何人かの人で共有することになったりするかもしれません。

あなたという固定された魂があって、それが輪廻《りんね》※17を繰り返すというよりは、**思いや願いや意思が形となって転生する**のです。

※17 **輪廻** 48ページの天界、人界、修羅界、餓鬼界、畜生界、地獄界の六道（りくどう）の中で生まれ変わること。

肉体の死を迎えたらどうなる?

肉体が死を迎えると、私たちの肉体は目に見えなくなります。
しかし、**その経験や思いなどのデータは残り続けます。**

死後の世界については、さまざまな報告がありますが、**死後の世界も、この世界と同じで、映像です。**

天国や地獄、という場所があるわけではありません。

肉体を失うと、**私たちはデータの状態に戻ります。**そのことを理解していれば、すぐにその状態になりますが、肉体を

持っていたときの感覚、３次元世界での感覚が抜け切らなければ、３次元のような映像世界を作り上げてしまうのです。

つまり、この世で奪うことばっかり考えていたら、あの世でも奪い合いの世界に行ってしまうし、不満ばかりだったら不満ばかりの世界に、欲望ばかりだったら欲望ばかりの世界を見ることになりますが、そのような状態が地獄です。

そして逆に、幸せだったら幸せな世界に、喜び溢れてたら喜びの世界を見ることになり、それが天国です。

実際に天国や地獄のような場所があるわけではなく、**自分の思い通りの映像**が展開され、それが死後の階層として、仏教でも表現されているのです。

また、死の瞬間、これまでの人生がすべて再生されると聞いたことのある人は多いかと思いますが（実際、私の友人が脳梗塞《のうこうそく》で死にかけたことがあるのですが、その人も、この**走馬灯**を見たそうです）、そのようなことが起こるのは、**すべてはそもそもデータだから**なのです。

輪廻転生とカルマ

個体としての自分というはっきりとした区切りがないとしたら、**輪廻とか、カルマ**※18**って何なのか？**　と思うかもしれません。

確かに、ひとりの固定された人や魂が輪廻を繰り返すわけではありません。

しかし、例えば、今のあなたの人生経験はデータとして積み上げられるわけですが、後にそのデータを前世の記憶として持つ人がひとりから複数人生まれるわけで、その人たちはあなたの今の人生を前世のひとつとして持っていて、中には、部分的に覚えている人もいるかもしれません。

その人は、厳密にはあなたではありませんが、あなたと言えないこともありません。

今のあなたの人生の記憶を持っているのですから。

※18 カルマ　行為。業（ごう）とも言う。その善悪により、次に生まれ変わる世界が変わると信じられている。

「あなた」という固定された人は本当はいませんが、あなたの経験、データは、どこかで誰かに引き継がれ、そのデータをもとに新たな人生が始まります。

そして、それはあなたの未来生と言えなくはないのです。

もし、その人が過去生を思い出したとしたら、あなたの今の人生を自分の過去生だと思うでしょう。つまりその人は、あなたではないが、あなたの未来生とも言えるし、結局のところあなたのようなものなのです。

その新しい人には、あなたの考え方、精神性の全部、もしくは一部、そしてカルマが引き継がれているのです。

このような**データの引き継ぎが輪廻転生**です。

私たちは、すでにあるデータであると当時に、新たなデータを生み出し続けているのです。**データが、私たち人間を使って、新たにデータを蓄積している**、そんなイメージです。

なぜそんなことが繰り返されるのかというと、この世、この仮想現実が存在する目的はただひとつ、「自分を知りたい」という思いであり、自分を知るために、ありとあらゆる経験が必要だからです。

だから、「あなた」という確固とした存在はいなくとも、輪廻はあるし、やはり、**変な**

カルマは残さないほうがいいとは思います。もちろん、すべては経験、データとしての蓄積となるので、悪いことは何もないのですが、出したものは返ってくるのです。

前世がたくさんあるのも、一つのデータの塊が何度も転生するということだけではなく、

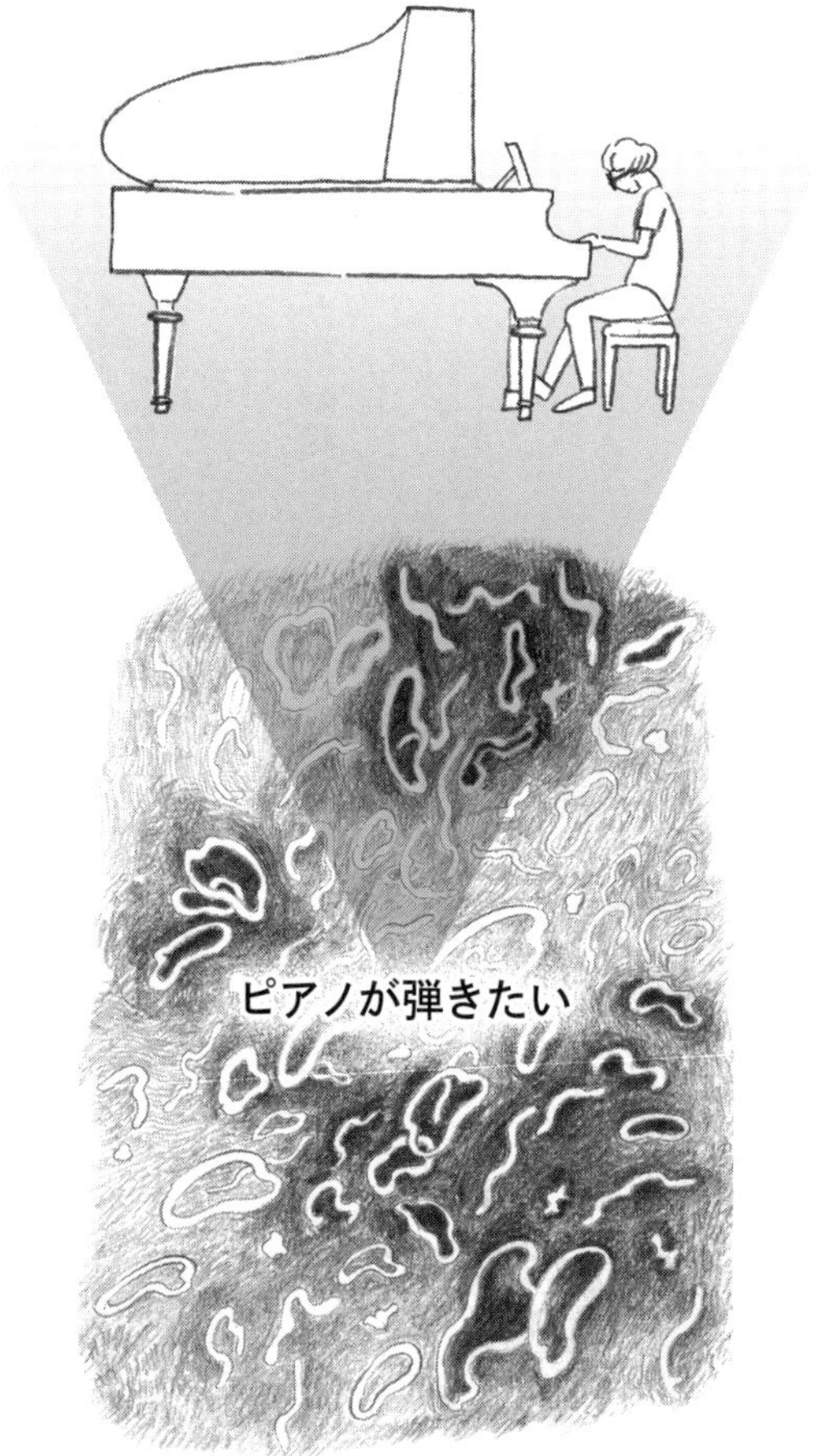
新しい人に
データが引き継がれる
ピアノが弾きたい

いろんな人のいろんな経験のデータを、自分の中に内包している場合もあるからです。

このように考えると、結局、**あの人もこの人も、自分、**かもしれないし、自分の経験が、この人にもあの人にも引き継がれるかもしれないわけで、**結局みんな自分、ワンネスという感覚**につながっていきます。

輪廻転生の仕組み

仏教の経典には、「**人々は望みによって輪廻転生する**」という主旨の記述が出てきます。例えば、**法華経**《ほけきょう》※19の第三章　譬喩品《ひゆほん》には、「現世においては切望しているもののために、また来世においては獲得しようとしているもののために（中略）生まれかわって」という記述があります。

以前、ある真言密教《しんごんみっきょう》のお寺のご住職が、このような話をされていました。

「自分は空海《くうかい》※20さんが大好きで仕方がない。今世は○○寺の住職だが、来世は必ず高野山《こうやさん》

※19　法華経　釈迦の晩年8年間の教えをまとめた集大成とされる経典。大乗、小乗の宗派の垣根を越え、誰もが平等に悟りを得られること、そして、その教えを広めていくことが大切だと説かれている。

※20　空海　真言宗の開祖（774〜835）。諡号（しごう）は弘法大師。和歌山県北部の高野山に金剛峯寺を総本山とする真言密教の道場を開いた。高野山の奥之院で入定（にゅうじょう。断食などの修行の果てに即身仏になること）。現在も奥之院に生き続け、世の中の平和と人々の幸福を願っていると信じられている。

金剛峯寺《こんごうぶじ》の住職になり（住職になり得るところに生まれ）、空海さんに会いたい」と。

そこには、強い思いが溢れていました。

このご住職は、来世は間違いなく、望み通りに生まれてくると思います。自分自身が純粋で強い思いを持っていれば、間違いなくそうなる、それを確信してお話しされていましたし、私も必ずそうなるだろうということが聞いていてわかりました。

物質は消えても情報は残る、ということをお伝えしましたが、あなたという肉体が消えても、あなたの思いは消えないのです。その思いが、それを実現できる新たな肉体を映し出し、また、新たな人生が始まるのです。

だから、**あなたが今の人生でどういう思い、どういう望みを抱くかというのは、とても大事です。**この人生でのあなたの思い、望み、それが次の人生のデータのもとになり、次の人生が始まるからです。

結局のところ、なぜ輪廻するのかというと、前提として、**自分は個の人間だと自分で思っているから、**そして、**その個の人間が望みを持つから**です。

人は、自分が人であると思うから人だし、自分が望みを持つからそれを経験するために、輪廻するのです。

望みも、これを経験したいという前向きなものもあれば、やり残したというような思い、また、恨みを晴らしたいなどの後ろ向きなものまでさまざまですが、自分が望みを持っているから、それを経験するために、必要な人が最初から設定されていたり、必要な出来事が起こったりするように設定されるのです。その、**必要な人**が**ご縁**であり、その思いを果

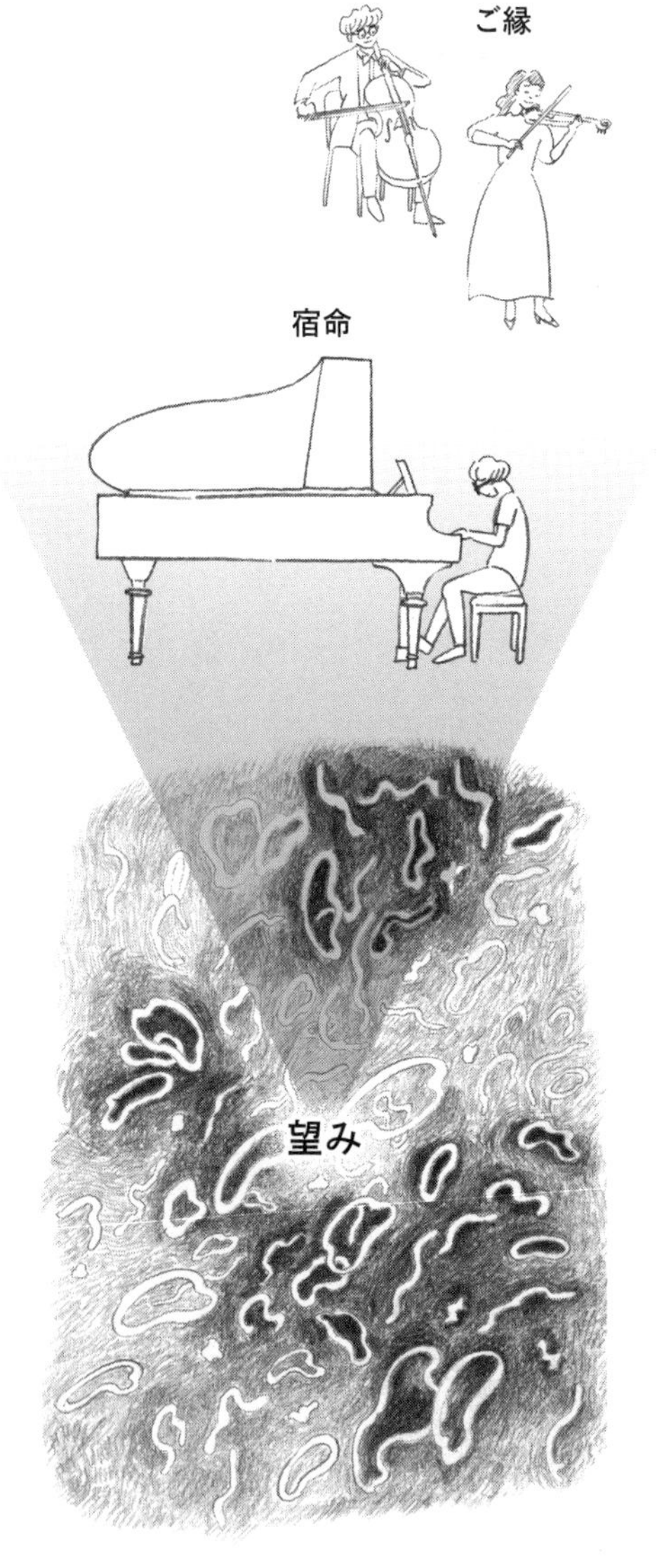

たすために**絶対に起こる出来事**が**宿命**と呼ばれたりするわけです。

また、もう輪廻転生しないという状況になることを仏教では**解脱**《げだつ》※21と言いますが、これも確固とした一つの魂がない以上、個の魂が解脱するのではなく、ある望みが成就されて、その望みがもう転生しない、つまり解脱すると考えたほうがいいと私は思っています。

このように、すべてであるデータの海は、何度も人生ゲーム、つまり輪廻を繰り返します。

そしてその最後には、自分とは何か、というところにたどり着くかとは思いますが、たどり着いても、やはり個としての仮想現実人生ゲームが永遠に展開されるため、あなたという存在に終わりはありません。

あなたは、大いなる自由意志そのものが、**あなた自身を知り尽くし、遊び尽くすゲーム**をしている永遠の存在なのです。

※21 解脱 縛られた状態から抜け出すことで、迷いの世界である六道（りくどう）から抜け出し自由になることを意味する。インド思想ならびに仏教では、解脱を人生の目的とする。

生命の目的

生命の究極の目的は、輪廻し、人生ゲームを繰り返す中で、個人としての人間の姿というのは幻想であり、本来は物質は何もないのだ、そして、自分とはすべてである、ということに気づく、それはすなわち、本当の自分を知る、空である自分、創造性や可能性そのものである自分に気づく、ということです。

「私」というのは本当に何もない空、無であるという存在のゆえ、何もわからないから、知りたい、わかりたいというのが自然発生的に出てくるわけです。

私たちの正体というのは、最初から最後まで**「自分を知りたい」**という意思ただそれだけなのです。

私たちは誰も、この自分を知るゲームの中を生きています。

空である自分に気づくことが進化であり、最終的に何もない無の状態に帰っていくことが、すべての生命の目的になります。

それを仏教では**救い**と言ったりします。

結局のところ、この世界は夢であり仮想現実であること、そして、本当の自分とは何か、これらに気づかない限り、本当の意味で救われることはないのです。

しかし、本当にすべての人が空である自分に気づいてしまったら、すべては無になり、この

壮大なゲームは終わりを迎えます。宇宙はなくなってしまうのです。

そうならないために、仏教の最高経典とされる法華経では、自分が空である本当の自分を悟った後も、生まれ変わって、人々にそれを説くことを促しています。つまり、**「他の人にそれを伝えたい」**という望みを持つことにより、その望みが転生するように促しているのです。

そうすることにより、宇宙が存続するからです。

つまり、このゲームには目的はありますが、終わりはありません。

空である自分にたどり着いても、それは終わりではないのです。

あなたは永遠に存在しますし、宇宙も永遠に存在するのです。

個であり、全体であるあなた

量子力学では、**素粒子**は永遠に**粒**であると同時に**波**だということが、二重スリット実験によりわかっています（17ページ参照）。

それと同じで、**私たち**は、**個**であると同時に**全体**であり、それは永遠にそうなのです。

結局のところ、この世界にはたくさんの個人が存在しているように見えますが、もとをたどれば、すべてであるひとつのデータなのです。

個人というのは、空というデータ上にできた、ひとつのアバターやアカウントのようなものだと考えるとわかりやすいかもしれません。

空であるすべてが、自分をコピーしてできたアカウントです。

アバターやアカウントなので、それは実体か？　と言えばそうではないし、しかし個として確かにあるし、というそのような感じです。そして、無限に作ることができます。

何もない空である自分が、無数のコピー、無数の分身を創り、それが仮想現実世界で肉体を纏って人生ゲームをしているのが今なのです。何のゲームかというと、自分自身を知るため、**自分＝宇宙（すべて）＝愛**ということを知るためのゲームです。

本当は何も起こってないし、私たちは生まれても死んでもいない――そういうことを聞いたことのある人もいるかもしれませんが、これは例えば、私たちの世界で、テレビや映画の中でいろんなドラマが展開されていても、現実には何も起こってないのと同じということです。

そもそも真空（空）であるこの宇宙ですが、そして、それが自分なのですが、その何もない真空が、真空のままだと何もわからないので、自分の中にアバターを無数に創って、自分とは何かを探求しているのが、この世界なのです。

ひとり一宇宙

あなたという人間がこの世に生まれる、というのは、テレビやパソコンに電源を入れるようなものです。そして、肉体の死というのは、電源が落ちるようなものです。

その電源を入れたときに、あなたとあなたの宇宙は生まれ、電源が落ちれば、それは消えます。つまり、ひとり一宇宙、それぞれが、それぞれの宇宙を生きているのです。

あなたが消えたら、宇宙は消えるのです。

あなたが亡くなっても、宇宙は続くように思うかもしれませんが、それは、他の人が再生している宇宙が続いているだけです。

宇宙はビッグバンによって生まれたと言われていますが、あなたが生まれて、電源が入り、あなたの宇宙が映し出される、このことがビッグバンなのだと私は思っています。

法華経にも、「あなたの意思により宇宙が生まれる」と書かれています。

実は、宇宙を創造したのはあなたであり、あなた自身が宇宙だったのです。

今、並行宇宙についても盛んに研究されていますが、宇宙はひとつではなく、人の数だけ宇宙があるのです。

私が宇宙だった

「私」とは何か？　「自分」とは何か？

「私」とか「自分」とは何でしょうか？

多くの場合、「私」とか「自分」というのは、ひとつの肉体とそれに付随する精神のことを指すと思います。

肉体が、自分と他の人を分けているようにほとんどの人は感じるでしょう。しかし、肉体が分かれていてもなお、**他の人が考えていることや感じていることが伝わってきたり、わかったりする**という経験は誰にでもあるでしょう。

中には、その人がどんな人なのか、何を考えているのかなどが詳細にわかってしまう特殊能力を持っている人もいます。

また、**肉体といっても、それは曖昧なもの**です。

例えば、爪や髪の毛を切っても、「私」は何も変わりませんし、ダイエットをして痩せたとして、そもそもあったお肉はどこへ行ってしまったのか？　それは「自分」ではなかったのでしょうか？　さらに、例えば、手足を切断しなくてはいけないようなことがあったとして（あまり想像したくはないですが）、もしそのようなことが起こったとしても、「私」は消えてどこかへ行ったりせず、残ります。

そして、例えば、仕事ができる私、痩せている私、のんびり屋の私などの**自分を定義すると思われる性質も、とても曖昧**です。今の職場では仕事ができたとしても、仕事内容や職場が変われば仕事ができない自分になり得るし、今、痩せていても、時には太ったり、そしてまた痩せたりするかもしれないし、今はのんびり屋でも、後に自分でも知らない自分の性質を発見することはあり得ます。

これらも、人生ゲームの中の一時的なあなた、

すべては曖昧なもの　仮のもの

「私」とは？
ロングヘアの私？
のんびり屋の私？
ショートヘアの私？
仕事ができる私？

キャラクターとしてのあなたであって、**本当のあなたではない**のです。

これは、人でなくても同じです。

例えば、「車」を思い浮かべてみてください。

車が1台あったとして、もし、その車からハンドルを取ったら、それは車と言えるのでしょうか？　もしエンジンがなくて走らなかったら、車と言えるのでしょうか？　外から見たら車の形をしていても、動かなかったら車ではないのでしょうか？　それともそれは車なのでしょうか？

本があるとして、その1ページが破かれてその本から離れたとしたら、その破れた1ページは、さっきまで本だったのに、今は本ではないのでしょうか？　確かに、その本の内容がその紙に書かれているのに、そ

「本」とは？

「車」とは？

れは本とは言えなくなってしまいました。
どこからどこまでが本なのでしょうか？

会社だって、そこに会社がある、と思うかもしれませんが、それを構成する人や、その中にあるものや、その中で起こることは、常に入れ替わったり増減したりして、どこからどこまでが確固とした会社なのか？　何を会社と呼ぶのか？　それはわかりません。

こんなふうに、**すべての境界はものすごく曖昧であり、本当は境界は存在しないのです。**

よくよく考えれば、はっきりと確固として存在しているものなんてないということがわかってくると思います。

そして、どんなものも、時間が経てば変化し、最後には消えていきます。

今たまたま、いろんな要素が集まってそうである、仮に今そうなっているだけであって、確固たるものは何もないのです。

「会社」とは？

そんなふうにこの世界を見ることができれば、何も深刻になることはありません。

誰でもそれぞれ、悩みはあると思いますが、その悩みも仮のもの。悩みも、考え方を変えれば即なくなるほど曖昧なものです。

現れては消える、波のように。

たまたま今、波として起きているけれど、それは動いて、流れて、変化して、いつかは消える仮のものなのです。

それはあなたも同じです。

確固とした自分なんて本当にいません。これが自分だ、と言えるものは何もないのです。

自分も世界も仮のものだ、という目で数日過ごしてみたら、この世界の真実が少し見えてくると思います。

自分も含め、この世界はすべて仮想のものだ、これが、仏教が2500年も前から伝えてきた「すべては空」ということです。

自分も世界も仮のもの

本当のあなた

本当のあなたとは何でしょうか？

これまでにも書きましたとおり、本当のあなたとは、**何もない今に存在する、空であり無であり、それと同時に、そこに内包されたすべての可能性、すべてを生み出している創造性そのもの**です。

注意深く世界を観察すると、だんだんと、**世界は自分の心を反映している**ということがわかる体験をする人もいるでしょう。このことについては、これまでの引き寄せの法則に関する著書に詳細を書いてきました。

あなたの心がなぜ世界に反映するのか？

それは、あなたが世界、あなたがすべてだからです。

先ほど、確固とした自分なんていない、そして何もない、ということを書きましたが、

何もない、自分もいない、と認識している何か、それはあります。そして、それが自分ですが、形としてこれだ、というものは何もないのです。

で、この「認識」が本当のあなたと呼べる唯一のものであり、だからこそ、**認識によって目の前の現実は変わっていく**のです。

常に選択はあなたにあります。

あなたは、波を起こしている認識そのものだからです。

今まで疑いようもなく「私」だと思っていた肉体や思考や感情は、この人生ゲームを体験するための仮の姿であり、仮の設定から来るもので、本当のあなたではありません。

また、思考や感情もデータから生まれているのです。だから、別々の人、人格ができあがります。そして思考や感情は、そのデータから来ているものであり、あなたではありません。

あなたは、何か考えたことを、今、こういうことを考えている、と認識できると思いますが、その認識しているのが、あなたです。

「本当の私」とは、その流れてきた思考や感情に**気づいているもの**であり**認識しているも**

のだと言えます。

そしてその認識の仕方により、決定をし、創造しているのがあなたです。

すべての人は、共通の能力を持っているのです。

それは、**空のもつ創造性**です。

空であるあなた自身が、認識し、選択決定し、創造する、その能力です。

本当のあなたとは、その機能、その能力のことだとも言えます。

空であるわたしが
認識し
選択決定し
創造する

神とは何か？

神という意思を持った存在が、世界と人間を作ったとする宗教も世界にはあります。

しかし、真空からすべてが生まれるとわかっている以上、**意思を持った神のようなものは存在しないと言えます。**

地球というのも、真空から生まれたひとつの生命です。

そして、私たちは、その地球が舞台のメタバースに生きているとしたら、そのメタバースを作った存在はいるかもしれません。

それらは、**私たちより上の次元の存在**です。

それが、日本の神社に祀《まつ》られている神々や、世界の神話に登場する神々なのではないかと私は思っています。

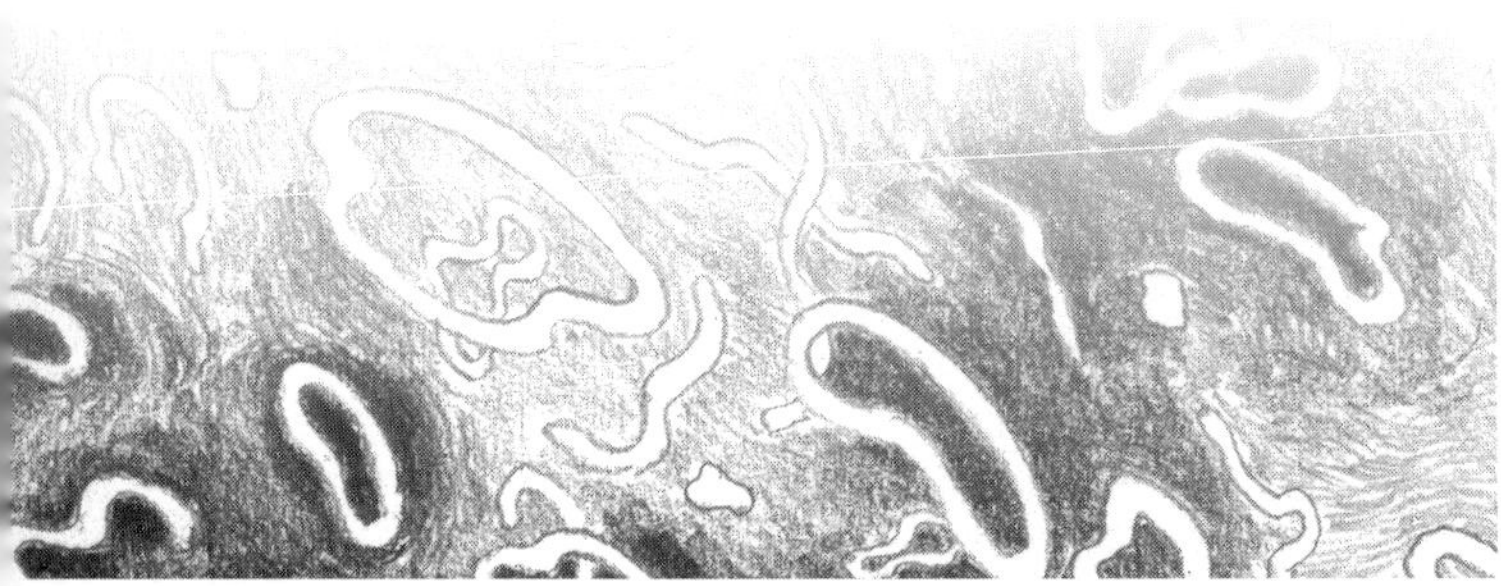

そして、そうした存在たちが、この地球メタバースを作った初期の頃の物語、それらが**神話となって残っている**のでしょう。

結局のところ、神とは、意思を持った人間のような存在ではなく、この真空、すべてのこと。

データの海のことを、本当の自分、空、神、大いなるもの、サムシンググレート、すべて、ひとつ、愛、などの呼び方で呼んでいるのです。

すべてはひとつ、というのも、結局、**すべてはデータの海**なのだということです。

そして、**それが「本当のあなた」**なのです。

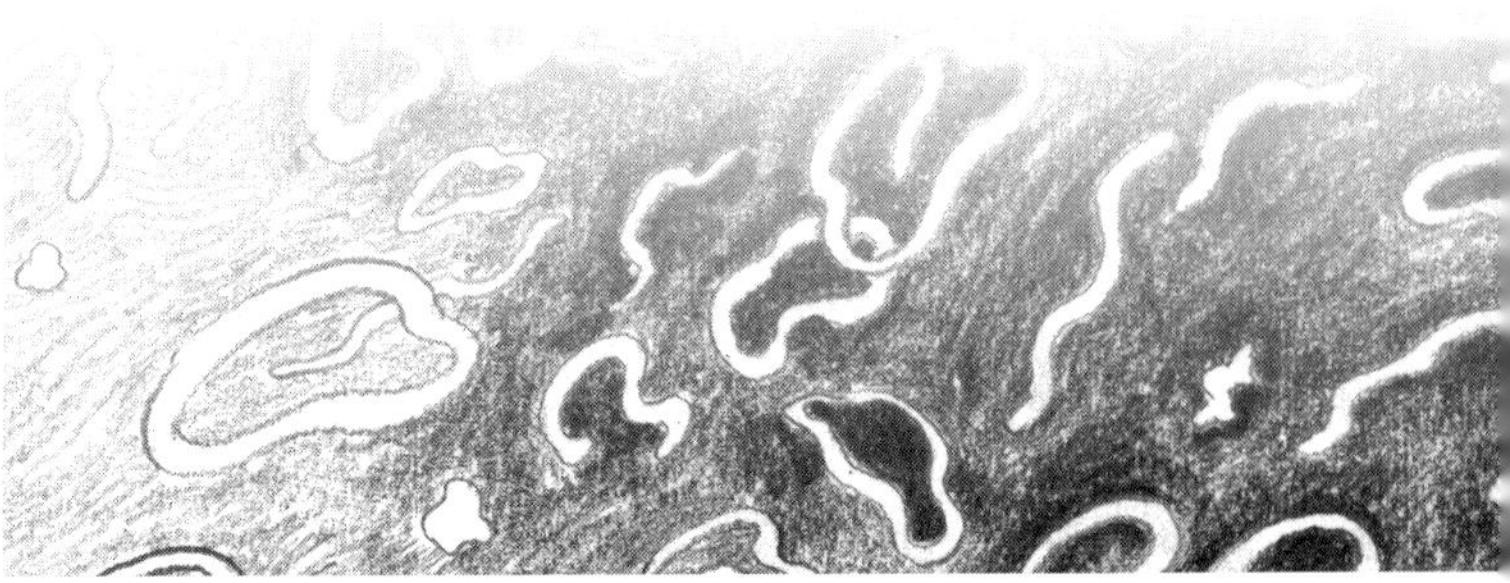

愛とは何か？

キリスト教では、**神とは愛、愛とは神**（ヨハネ第一4章7〜16節）と説かれますが、結局のところ、神と愛は同義語です。

すべては愛、という言葉もよく言われますが、本当に、目に見えるものも見えないものも、**すべては愛なのです。**

愛というと、通常、優しさ、慈しみ、愛しさ、労わりなど、そうしたものを思い浮かべますが、本質的な愛とは、結局、すべてです。人間では愛と思えないようなこともすべて包括するものです。通常、私たちは、憎しみや否定は愛とは思えませんが、それらも愛の一面、愛の別の姿なのです。

また、他人に対して、生命の目的、人生の目的、**自分とは何かを思い出させること**、その人が、その人らしく生きていくことを後押しすること、その人が、自分で生きていく力があるということを伝えていくことも、愛と言えると思います。

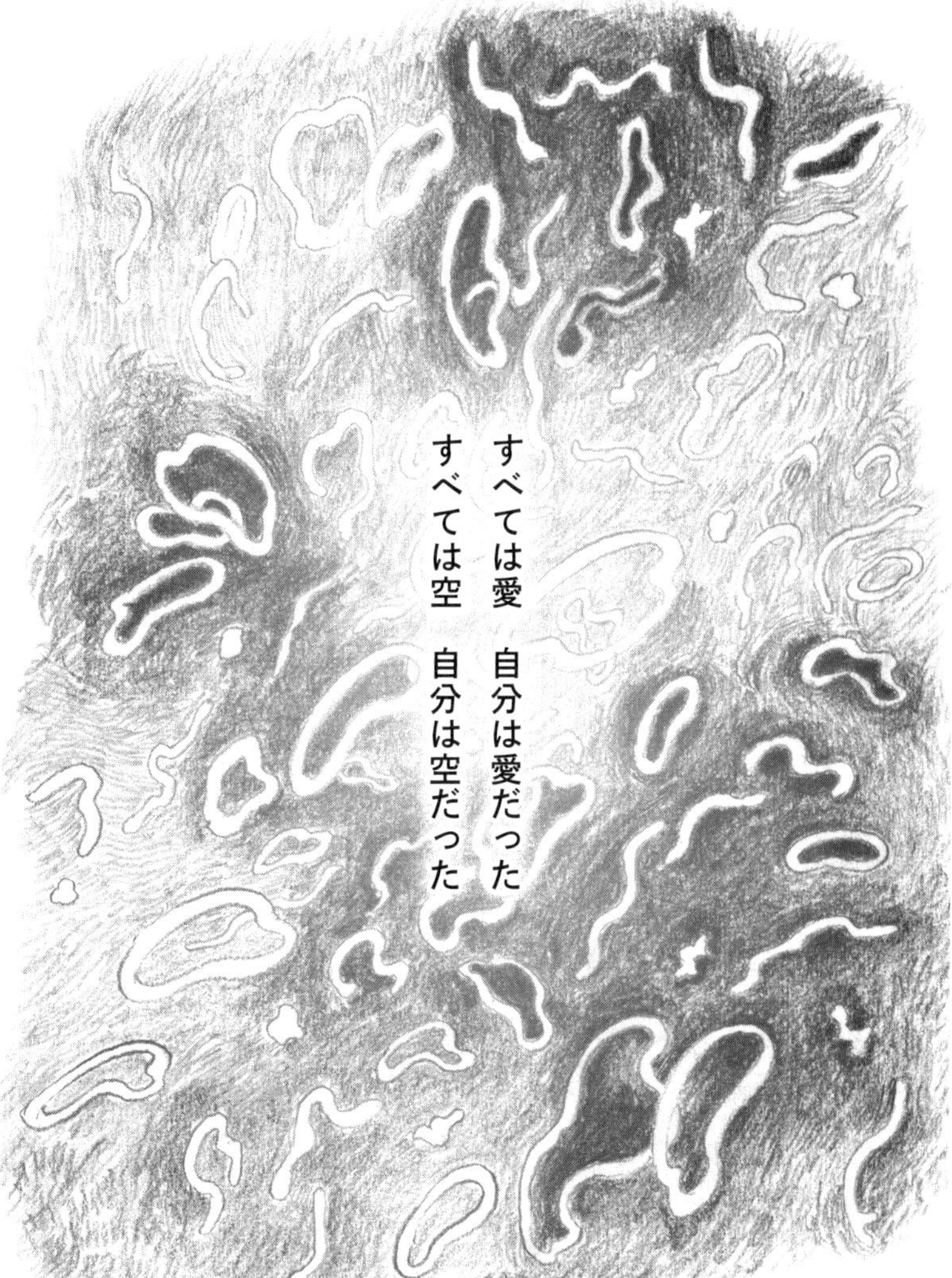

すべては愛　自分は愛だった
すべては空　自分は空だった

なぜなら、それらは**本当の自分である「すべて」が、唯一、望んでいること**だからであり、そのために、この広大な宇宙、仮想現実世界が生まれているからです。

私たちは皆、すべては愛、自分は愛だったということに気づく、そこへ還るために生きています。誰もが、空へと還る、その次元上昇ゲームの中を生きています。

しかし、結局のところ、自分だけがそれに気づいただけではダメで、**すべての存在をそこへ向かわせること、**それがすべてである自分、つまり宇宙の向かっているところです。

結局のところ、仏教でもヒンズー教でもキリスト教でも、他人への愛、他人を救う、ということが説かれていますが、この宇宙が向かっている究極のところというのは、**生きとし生けるものすべてが空（愛）に還ること**なので、そのために、自分はもちろん、みんながそこへ向かうということが必要なのです。

平たくいうと、**自分の幸せと同じように、他人《ひと》の幸せを願うこと。**

それが日常、私たちの表現できる愛であることは間違いありません。

そして、あなたは何をしようともしなくとも、すでに愛そのものです。そのことを忘れないでほしいと思います。

第一部－三 目覚め

あなたはすでにそうである

空《くう》を体験したい、本当の自分を知りたい、目覚めたい、と探究を続ける人はたくさんいます。

以前、あるコミュニティで、**一瞥体験《いちべつたいけん》**[※22]や**見性体験《けんしょうたいけん》**[※23]と呼ばれる体験をした人が羨ま

※22 **一瞥体験**　ほんの短い間、言葉や思考を超えて、空（くう）を実感したり、世界との一体感を得たり、悟りの世界を垣間見たような体験。

※23 **見性体験**　禅宗では、悟りの境地に至るまでには、多くの段階があるとされる。見性体験は、自分の中に仏性があることをまざまざと知る体験で、最も初歩の悟り体験とされる。

しい、それをしていない自分は悟ってないし、劣っていると感じる、という書き込みを見たことがあります。

しかし、私にとっては、それはとても奇妙な光景でした。

その人は、その人が見つけたいと思っている**それそのもの**なのに、ないないと探しているのです。

みんなすでに空そのもの、愛そのものであるのに、空を体験したい、還りたい、悟りたいと思っても、それは無理な話なのです。すでにあなたは空そのものですから。

自分も、目の前で起こっていることすべても、それそのものです。

そうした体験をした人も、していない人も、どちらもすでに、それそのものです。

どちらもすでに、データそのもの、空そのもの。そこに差はありません。

劣っている人も、優れている人もいないのです。

その書き込みをした人はただ、自分はまだだ、不十分だ、と思っているというそれだけのことなのです。

結局のところ、**目覚めるには、私は不十分だ、だめだ、完璧でない、幸せでない、悟っ**

てない——これらの考えを取り除くこと。
そして、本当の自分というのは、見ることも聞くことも触ることも、そして探すこともできないということが本当にわかって、探さなくなったら、それが見つけたということなのです。

すでにあなたは
空そのものですよ

そもそも、空を体験する必要なんてないのです。

あなたは、すでにそうなのだから。

すべては空だということ、それは、何かすごい修行の果てに得られるものでもなく、特別な体験によって得られるものでもなく、全員もれなく、すでにそうなのです。

あなたはすでに**色《しき》であり空、個であり全体、現象であり実在、粒であり波**であるわけで、すでにそうであるものになることはできないのです。

例えば、女性が女性になることはできないわけで、あなたはすでに空であり、同時に色なので、**すでにそうだということを、ただ認め、受け入れればいいだけです。**

自分が悟った、目覚めた、と思えばそれは悟りであり目覚めですし、まだ目覚めてないと思えば、それをあなたは経験するだけです。

それほどまでに、すべてはあなた次第なのです。

目覚めとは何か？

目覚めるには、私は不十分だ、だめだ、完璧でない、幸せでない、悟ってない――これらの考えを取り除くことと書きましたが、目覚めとは何でしょうか？

私のお伝えする目覚めとは、この世界が仮想現実であり、すべては夢であり幻想であり、目に見えるものは何も存在しないことがわかること。そして、すべてである自分、本当の自分を思い出すことです。

このことを思い出すきっかけとして、一瞥体験と言われるような圧倒的な体験をする人もいれば、徐々に思い出すという場合もあります。

そうした体験自体が目覚めではなく、そうした体験から、自分という存在の本質を理解すること、そして、目に見えている世界は仮想現実であり、本来は何もないということを理解すること、それが目覚めだと私は思っています。

なので、体験の有無は全く関係ありません。

そのうち、量子力学の本を読んだら目覚めた、という人も出てくるでしょう。

結局のところ、目覚めとは、自分というものの認識が変わっていくこと、拡大していくことです。

また、「目覚め」といっても、ゼロか１００ではなく、段階があります。

おおよそこのような感じです。

①自分は**個の人間**であると思っている。

←

②自分とは何だろうと**疑問**を持ち始める。

←

③自分とは**肉体に閉じ込められた存在ではない**と薄々感じ始める。

←

④**自分と目に見える世界の関係**に気づき始めたり、**他人は自分の心の反映**だと思えるようになる。

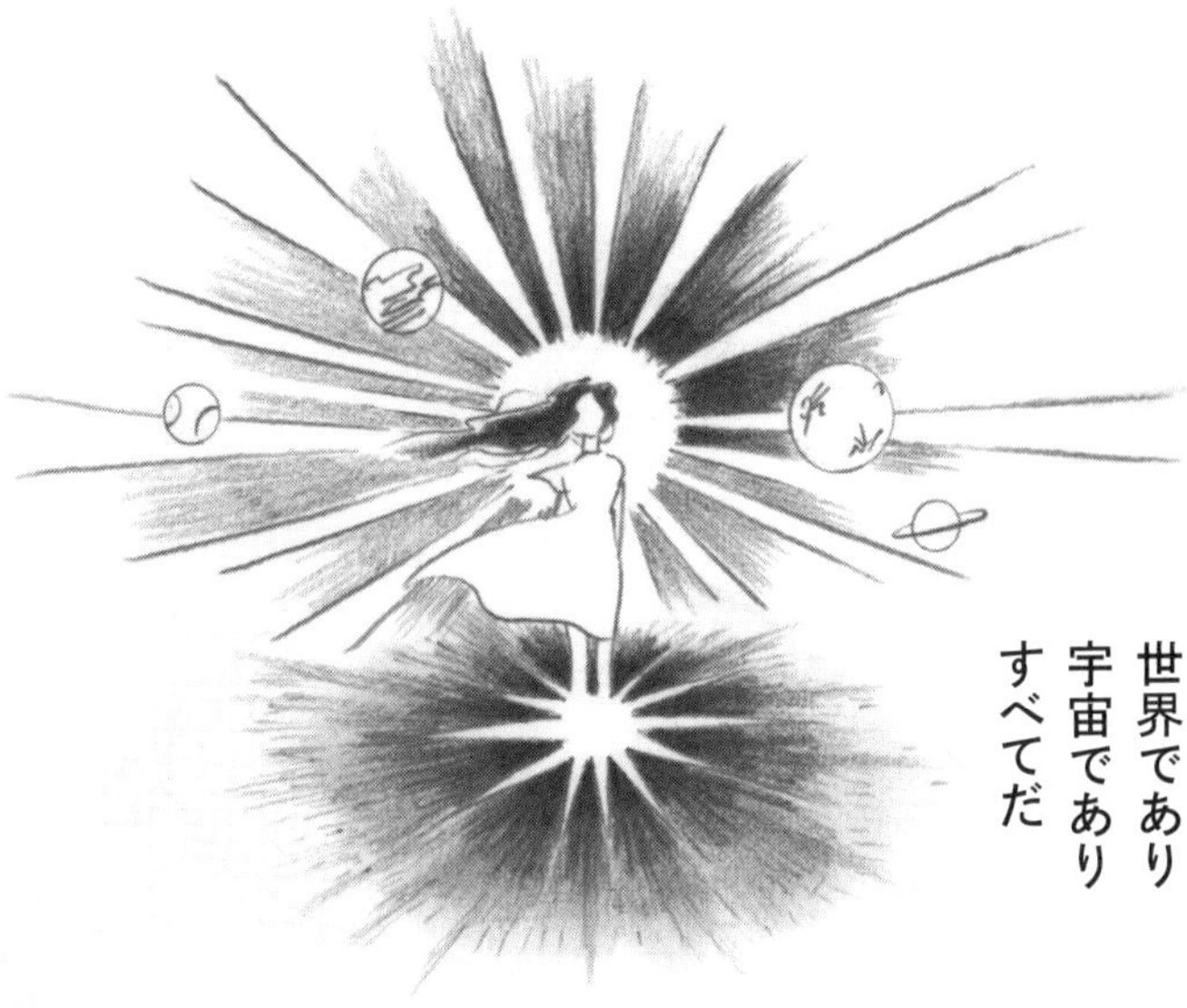

自分とは
世界であり
宇宙であり
すべてだ

←

⑤自分とはすべてであり、すべてを生み出している**創造性そのもの**だと気づく。同時に、**この世は仮想現実**だとわかる。

制限のある物質的な存在から、無制限の非物質である存在へと拡大する。そして、個体である物質としての自分は消失する。

自分とは、身体の中に閉じこもった、制限のあるひとりの人間である、という認識から、**自分とは世界であり、宇宙であり、すべてだ**という認識になる。すべての可能性を内包した素粒子の海であり、それは宇宙そのものという認識になる。

そこへたどり着くことが、目覚めです。

目覚めるためにすること

目覚めるためには、こうしなければいけない、ああしなければいけない、そのような情報がたくさんあるかと思いますが、私は、そのようなものは何もないと思っています。

特殊な修行をした人は、その修行をしたら目覚めるよ、と言うし、瞑想をして目覚めを体験した人は、瞑想したらわかるよ、と言うでしょう。

もちろんどれも間違いではないですが、その人はその方法で目覚めたというだけのことで、それが万人に通用するわけではなく、人にはそれぞれのタイミング、それぞれの方法があるので、自分は自分の人生を生き切るだけです。

結局のところ、**あなたが、あなたから湧き出てくるものに従って生きていくだけでいいのです。**

また、生命の目的は、確かに「目覚めること」であり、それはすべての人に共通するものですが、人生の目的はまた別です。人生の目的は、その人の今回の人生のデータに設定されていて、それぞれ違います。

その中に、目覚めに対する気づきが設定されている場合もあれば、そうでない場合もあります。設定されている場合は、それが人生のどこかで起こるでしょうし、今生《こんじょう》で設定されていなければ起こらないでしょう。

でも、それですべて完璧です。

よく、自分はいないから、悟る自分、目覚める自分というのもいない、という言われ方もしますが、それは人が引き起こしているのではないからです。そもそもそうなっているということです。

しかし、**それが起こるときは、あなたにそれは起こります。**

だから、目覚めよう、と無理に必死になる必要は全くなく（ただし、無理しているのではなく、自然とそれが起こってくるなら別ですが）、ただただ、**自分の人生を謳歌すればいいのです。**

人生の目的や、この人生ゲームのルールや楽しみ方は第二部でお伝えしていきますが、**コントロールを手放して、今を味わいながら、リラックスして人生を謳歌すること。**それ以上のことは何もありません。

すでに空であるあなたが、空になることはできません。本当の自分を知ろうが知るまいが、あなたはすでに、それそのものなのです。つまり、目覚めることなど本当はできないのです。それは、すでに目覚めているからです。できるとしたら、目覚めていたことに気づくことです。

このことを受け入れて、目覚めなければいけない、悟らなければいけない、という思いや行動から解放され、**あなたがあなた自身にただ従って、生きたいように生きるとき、それが、本当に目覚めている状態**と言えます。

ラクになりたいから目覚めたい、苦しいから目覚めたい、幸せになりたいから目覚めたいという人もいるかと思いますが、残念ながら、その願いはとても叶いにくいものとなります。

あなた＝すべて、なので、あなたが今ラクでない、今苦しいと思っていれば、その通り、ラクでない、苦しいという世界を目の前に再生してしまうのです。

もし、目覚めたいのであれば、ただ、**「本当のことを知りたい」**という思いを持つといいでしょう。ただし、無理にそう思うのではなく、そうした思いが自然と湧き出るならばですが。そうした思いがあなたから湧き出るということは、それは、あなたのシナリオ上にそれがあるということです。

こう言っては身も蓋もないのですが、実は、「目覚めるためにできること」というのは何もないのです。**目覚めは、誰かが起こすものではなく、起こること**だからです。

空を体験したら、この世の苦しみから逃れられる、幸せになれる、と思う人も多いかもしれません。確かに、ゲームとわかって生きるのと、現実だと思ってそれに巻き込まれるのは違います。

しかし、空を体験したその後に幸せがある、と考えるのは、今ないものに幸せがあると考えるという意味において、大金を引き寄せたら幸せになる、と考えるのと同じです。

今ないものに幸せがあると考える限り、幸せを引き寄せることはありません。

今しかないし、あなたは今感じていることを引き寄せ続けるのですから。

コントロールを手放して
今を味わいながらリラックス

目覚めの体験

私たちは、脳でデータをキャッチして、それを視覚を通して映像として見ているので、結局のところ、目覚めるとか悟るというような体験は、いかに脳の機能をストップするかということになります。実際、左脳を損傷した女性が、自分の身体と世界との境界がわからなくなった経験をしたという事例[※24]もあります。

左脳を働かせてない状態を作ることができれば、ありのままの世界、データのままの世界を体験することができるのです。死に際して、脳の機能がストップすると、そのデータにダイレクトにつながるので、これまでの人生が走馬灯のように見えたりするのです。

※24 ハーバード大学の脳科学者ジル・ボルト・テイラー博士は、37歳の時、左脳の脳出血（脳卒中）で左脳の機能が4時間ストップした。すると、自分の身体がどこからどこまでか境界がわからなくなり、自分は宇宙と同じくらい大きなエネルギーの「球」だと感じた。そして、幸せに満ちた海を泳ぐクジラのように、魂が自由に飛び回っている心安らかな幸福感に包まれたという。

瞑想をしていると、そのような状態になった、というような話を聞いたことがある人も多いと思いますが、瞑想により、左脳の機能をシャットダウンすることができると、**自分という境界がなくなり、自分とは宇宙**になるわけです。

いかに、この左脳の機能をオフにするか、ということなので、必ずしも瞑想でなくても、そのような状態に持っていければ何でもいいのです。

そのうち、左脳の機能をオフにする機械みたいなものもできるかもしれません。

左脳を完全にストップさせることは簡単ではありませんが、しかし、左脳がそれほど働いていない状態というのは誰しも経験があると思います。ぼーっとしていたり、何かに感動していたり、何かに没頭して周りを忘れていたりする状態です。

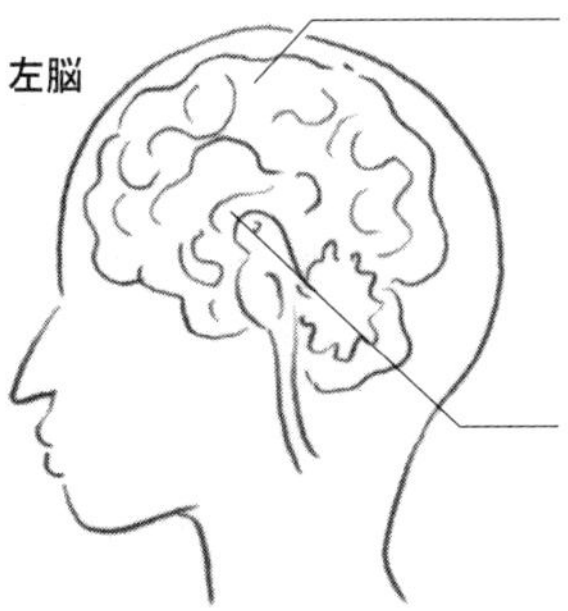

時間厳守、自我の強いリーダー、整理整頓好き

言葉による　言語で考える　順序だてて考える　過去/未来による　分析的　細部に注目　違いを探す　手厳しい　時間を守る　個別に　清潔/正確　固定した「私」　忙しい　意識的　構造的/整列

不安と恐怖、傷ついた子ども、怒り、自己嫌悪

抑圧された　融通がきかない　用心深い　恐怖心にもとづく　厳格　条件付きで愛す　猜疑　いじめる　正義を求める　あやつる　定石　個別で　利己的　批判的　優れた/劣った　正しい/まちがっている　いい/悪い

ジル・ボルト・テイラー『WHOLE BRAIN 心が軽くなる「脳」の動かし方』より作成

自然の美しい景色を見て、うぁーっという状態になっていれば、それは、そうした体験をしているのと同じことです。

悟りというとすごく大袈裟《おおげさ》ですが、結局、悟りというのは、**本来、何も起きていないあるがままの状態、ありのままをただ受け入れること**です。

何か、ものすごい状態を期待したり、すごい人になれたり、すごく幸せになれたり、そんなことを想像するかもしれませんが、そうではないのです。

起こっていることに惑わされなくなるので、今より多く幸せを感じることができるということはあるかもしれません。

また、直感が鋭くなったり、いろいろなことがわかったり、これでいいんだという安心感が増したり、そうしたことは強くなっていきます。

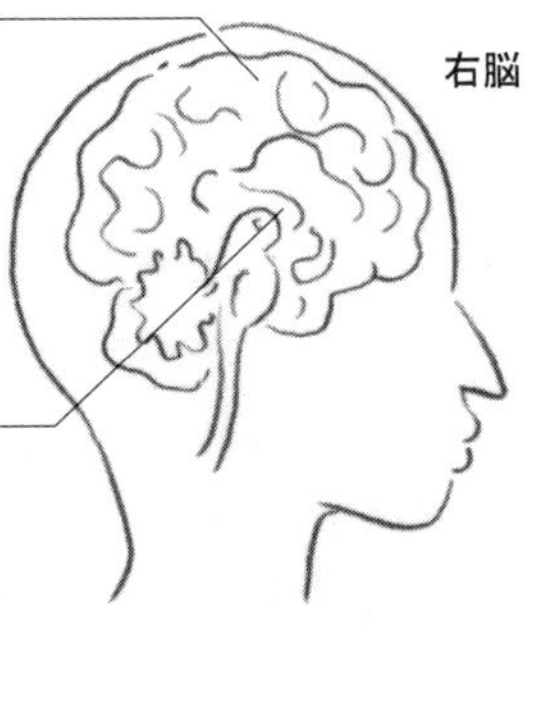

悟りに至るヨガや修行

目覚めるためにすることは本当に何もありません。

とはいえ、古来、**ヨガや仏教の修行**など、目覚めるための方法として伝承されてきたものはあります。

目覚めのためにどうしても何かしたいという人は、それらに取り組んでみるのもいいと思います。しかし、**それを本当にあなたがしたいのなら**、ですが。

ヨガというと、今では健康法だったりエクササイズだと思っている人も多いのですが、ヨガというのは本来は瞑想の技法です。身体を動かすのは、瞑想の前に身体をリラックスさせ整えるための準備運動なのです。

目覚めるための瞑想に特化したヨガとして、**クリヤヨガ**[※25]というヨガがあります。私は、これを極めたわけではないので語ることはできませんが（合宿に参加して実践したことはあります）、こうしたヨガを極めるのもひとつの方法です。

※25 クリヤヨガ 瞑想、マントラ詠唱、呼吸法、アーサナ（姿勢）、ムードラ（手印）などから霊的発達を促し、深い静けさと神との交わりの状態を生み出すことを目的とする。古から伝わるが、1861年頃、ヒマラヤのヨギ、マハヴァタル・ババジにより始められ、弟子のラヒリ・マハサヤがクリヤヨガの学校を設立し、その弟子の弟子のパラマハンサ・ヨガナンダにより、1920年以降、国際的に知られるようになった。

ババジの肖像

パラマハンサ・ヨガナンダ著『あるヨギの自叙伝』より

また、目覚めに至るまでの4つのヨガ(**ラージャヨガ**[※26]、**ジュニャーナヨガ**[※27]、**カルマヨガ**[※28]、**バクティヨガ**[※29])というのがあり、それぞれ、瞑想、思考・哲学、奉仕、祈りのヨガです。

※26 ラージャヨガ 瞑想のヨガ。ラージャとはサンスリット語で王の意味。心は自分自身を統制する王のような存在とし、瞑想により心を制御して心身統一を目指す。紀元後4~5世紀の伝説的な思想家パタンジャリによるヨガの根本経典『ヨーガ・スートラ』が起源とされる。1920年、ヴィヴェーカーナンダが不二一元論(ウパニシャッドの梵我一如思想を徹底したもので、ブラフマンのみが実在するという説)の教えの要約と、『ヨーガ・スートラ』の箴言を解説する内容の『ラージャ・ヨガ』を著し、主にアメリカで人気を博した。

※27 ジュニャーナヨガ 智慧のヨガ。「私は誰なのか、私は何なのか」などの問いに向き合い、考え、瞑想し、宇宙の真理を理解することに集中する。そして、個々の自己(アートマン)と究極の自己(ブラフマン)の一体性の実現を目指す。こちらも、不二一元論を理解することを道筋としたヨガと言える。

※28 カルマヨガ 行為のヨガ。日常の一つ一つの行動、身体の動き、思いが、無意識のレベルも含め、その人を決めるという考えに基づいて、その行為の結果に縛られずに、何の執着もせずにただ行うことを重視する。家庭の中での役割、仕事、奉仕など、人それぞれが、自分の置かれた立場にあって、ただ黙々とその義務を果たす。そうすることで真理に近づくことができるという。

※29 バクティヨガ 信愛のヨガ。神に対する絶対的な信仰・祈りの実践により、小さな「我」を滅し、神と合一することを目指す。愛は神であり、宇宙は愛の現れであり、愛するものと愛されるものという区分は究極的には消滅し、すべてが一体となった愛のみが残るという。

山の頂上に登る道はいろいろあるように、目覚めへの道もひとつではありません。

　こうでなければ目覚めることはできない、目覚めるためにはこれをしなくてはいけない、というものはないのです。

　ですので、こうしたら目覚める、というような情報は参考程度に留めておいて、**自分がどうしたいのか、いつでもそこに立ち返る**ということが大事です。

　そして、これらのヨガがもしあなたに必要ならば、人生のどこかの時点でこれらのヨガに出合い、強烈に興味が湧いてきたりする、といったことが起こります。

ヨガの根本経典『ヨーガ・スートラ』を編纂したパタンジャリの彫像

©Alokprasad／http://en.wikipedia.org/wiki/File:Patanjali_Statue.jpg

また、仏教では、**八正道《はっしょうどう》**や**六波羅蜜《ろくはらみつ》**などで悟りへの道が示されています。

仏教僧は、これらの修行をして、悟りを目指します。

これらに興味がある人は、その道を極めていくこともいいと思います。

八正道《はっしょうどう》

正見《しょうけん》
一切の価値観や固定観念を捨て去り、物事を正しくありのままに見ること

正思惟《しょうしい》
貪《とん》（むさぼりの心）、瞋《じん》（怒りの心）、痴《ち》（真実を知ろうとしない心）から離れ、仏法を学ぶこと

正語《しょうご》
妄語《もうご》（うそ）、綺語《きご》（虚飾のある言葉）、悪口、両舌《りょうぜつ》（陰口、二枚舌）を言わないこと

正業《しょうごう》
生き物を殺さない、人のものを盗まない、男女間の淫らな行いをしないこと

正命《しょうみょう》
道徳に反する職業や仕事をしない、手伝わないで、正しい仕事をして規則的な生活をすること

正精進《しょうしょうじん》
正しい道に向かって努力すること。道を踏み外したときは二度と踏み外さないように誓うこと

正念《しょうねん》
正しい信念を持つこと。雑念を払った安定した心の状態を保つこと

正定《しょうじょう》
精神を統一して心を安定させること。心の動揺をはらい迷いのない境地を完成させること

六波羅蜜《ろくはらみつ》

布施《ふせ》

見返りを求めない施しをすること。喜捨をする財《ざい》施《せ》、真理を教える法施《ほうせ》、恐怖を除き安心を与える無畏施《むいせ》などがある

持戒《じかい》

仏の定めた戒《いまし》めを守って破らないこと。生き物を殺さない、盗まない、よこしまな性行為を行わない、うそをつかない、酒を飲まないなど

忍辱《にんにく》

いかなる辱《はずかし》めを受けても、堪《た》え忍ぶことができれば、すべての人の心を我が心とする仏様の慈悲に通じる

精進《しょうじん》

限りある命の中で、ひとときも無駄にすることなく日々誠心誠意尽くすこと

禅定《ぜんじょう》

精神を統一し、安定させること。冷静に第三者の立場で自分自身を見つめること。心をひとつの対象に完全に集中すること

智慧《ちえ》

上の5つを実践することにより真理を見極めること。すなわち、一切のものは無常であり、苦であり、無我であることを理解すること

ただ、このような修行をしてもしなくても、何か突発的な体験や科学的な探究で、この世界が実在ではないことに気づいてしまうということは起こり得ます。

ですので、こうした修行をしたほうがいいとかしなければいけないということはなく、**興味があるならやってみるのもいい**としか言えません。

そして、私が言うまでもなく、その道に入る人は、その道に入るような人生が設定されているでしょう。

結局のところ、どうしたらすべては空であることにたどり着けるのか、この世という夢から覚めることができるのか、**それは、人それぞれだ**と言うしかありません。

このあとお伝えしますが、私自身は、仏教の経典に触れることで、目覚めが揺るぎないものになった経験があるので、写経《しゃきょう》や読経《どきょう》をおすすめしますが、それが万人に当てはまるとは言えません。経典には真理がそのままダイレクトに書いてありますので、気づきを促すのに強力なものであるということは間違いありませんが、もし興味がないなら、無理に読む必要は全くありません。

他にできることとしては、自分自身が発する**思考や波動を意識して変える**ことで**世界が変わる**という体験をしたなら、それは自分とは何なのかを知りうる体験になります。

内面が変われば、目に見える世界は確実に変わってきます。

そして、世界が本当に変わってきたら、それは、自分とは何か？　という**認識が変わる**十分な体験や理由になります。

目覚めへの道筋

どうしたら目覚めることができるのか、それがみんな知りたいところだとは思いますが、先ほどお伝えしたとおり、結局のところ、**こうしたら目覚めることができる、という決まった形はない**と私は思っています。

私の場合は、最初から自分と世界は一体だということは知っていました。「最初から」というのは、小学生の時には、世界は自分の反映である、だから自分の本心の通りになる、ということはわかっていたのです。

誰かに教えてもらったわけではないので、これは前世からの記憶（引き継いだデータにすでにあったということ）だと思います。

そして、自分というのは肉体という個体ではなく、身体や脳の中にあるものではなく、もっと広がりを持っているものだ、ということはずっと感じて生きてきました。

その頃、世界は私の身体の延長でした。

92ページで、目覚めにも段階があるということをお伝えしましたが、小さい頃から、③と④あたりにいたのです。

目覚めが、分離という夢から覚めることであれば、最初から目覚めていたということになります。

そもそも、そうだったのです。

目覚めるときに劇的な経験をする人もいれば、徐々に理解が浸透していって、気づけば目覚めていたという人もいます。最初からわかっている人もいます。

目覚めとはこういう体験である、という決まったものはありません。逆にそれにこだわっていると、自分が目覚めていることが気づきにくくなってしまいますので、そういう固定観念は必要ありません。

当時は、**この世界は何だか変だ**、そして、何かしらの仕組みや法則で動いている、ということはずっと感じてましたが、この世界は仮想現実だ、というところまでは気づいていませんでしたし、世界は身体の延長であっても、自分そのものではありませんでした。

大人になり、**36歳で引き寄せの法則**を伝える書籍に出合い、自分でも実践してみることで、世界は本当に自分の思い通りであり、自分の心が現実に反映している、この世界には法則がある、という思いはさらに確固たるものになりました。そして、**自分と世界の一体感**は強まってきました。

この時点で、**自分という意識が本体**で、目に見えている世界はそれを映し出している映画のようなもの、というのはわかってきていました。そして、**目に見える世界は幻想であり、虚像**だということも。

引き寄せの法則を体感し、理解した時点で、自分とは世界と切り離された個の人間ではない、身体に閉じ込められた個の人間ではない、ということは完全にわかっていたのですが、まだ限定的な自分でした。自分とは目に見える世界ではありましたが、自分＝宇宙とまでは思っていませんでした。**どこかに限界や制限のある自分だった**と思います。

法華経

その後、**43歳の時に、法華経**という仏教の経典に触れることで、そのとき、**自分とは宇宙だった、すべてを思い出した、**という経験をしました。

法華経には、かなりざっくり言うと、

「あなたは空である、すべては空である」（これが書かれているのは般若心経ですが、法華経はすでにそれを理解していることを前提に書かれています）

「空であるあなたが身体を持って3次元世界に生きているのは、自分自身を知るため、そしてそれを伝えていくため」

「あなたは、自分自身を知るために、自ら宇宙のすべてを創り出して生まれてきた。つまり、ビッグバンを起こしたのはあなた」

というようなことが書かれているのですが、このとき、ああ、自分が宇宙なんだ、ということがそのまま受け入れられて、**自分が宇宙全体まで拡大したの**

です。

それまでは、目に見える範囲が自分だと思っていたのですが、自分は宇宙だったんだ、ということを完全に思い出しました。

それは、**全部思い出した、というような感覚**です。知っていたけど忘れていたことを全部思い出しました。自分が宇宙だったこと、どうして自分が今ここで人間の身体を持って生きているのか。

本当に**自分＝すべて、自分＝宇宙**になったのです。


そして、法華経を読み始めるのと並行して、**量子力学の本をよく読むようになった**のですが、結局、自分も含め、すべては素粒子であり、その素粒子が物質世界を構成しているように見えるだけで、結局は目に見えない素粒子が本質だということが説明されていて、**無であり無限**ということは、**私たちの実体は素粒子（無）であり、それはいかような形をとることもできる（無限）**ということがとても腑《ふ》に落ちました。

目に見えている世界がどう構成されているのか、並行世界、並行宇宙の概念

量子力学

など、よく理解できるようになりました。

同時に、すべてはひとつ、すべては同時に起こっている、というようなスピリチュアルでよく言われる言葉も、本当の意味で理解できました。

もともと、この世界は心が反映しているだけ、ということはわかっていたので、自分というのは無であり無限で、この世界は仮想現実だということ、それがわかったときに、自分とは何かという認識や世界の見え方が大きく変わったわけではありませんが、**さらに自由に、流れに任せて気楽に生きられるようになった**と思います。

何が起きたとしても、自分がそれをどう捉えるのか次第、ということは、これまでの著書でもずっと言ってきたことですが、それがますます確固たるものになったのです。ですので、この世界で何が起きるか、ということに対しての執着がさらに薄くなりました。

例えば、数年前に世界を騒がせていたコロナウイルスに対しても、それはそれで仕方がない、それをどうこうしようとも思わないし、できるとも思わず、ただ、その中で自分はどう生きるのか、それだけでした。**人生とはゲームでありドラマなので、俯瞰《ふかん》できるし、気楽なのです。**

また、この人生はゲームで、そもそものキャラ設定とシナリオに基づいてしか生きられないとわかるので、迷いも少なくなります。

仮想現実ゲームを進めるうちに起きてくる流れの中で、できる限りただ楽しめばいい。楽しみたくなかったら楽しまなくてもいい。そして、やりたいことをやるだけ。やりたくないことはやらないだけ。

以前からそうでしたが、今はもっとそのような感じで生きています。

そして、**流れに任せて、来る波に乗っていけばそれでいいんだ、という安心の世界にいます。**

目覚めたらどうなるのか？

自分とは無であると同時に無限であり、その本質はデータの海であり、そして、そのデータから映し出されたこの世界は幻想であり、個の人間としての自分はゲームを遂行するうえでの仮の姿でしかないとわかったら、どうなるのでしょうか？

それがわかっても、**人間として生きていかなくてはいけない時間が目の前にある、ということは何も変わりません。**

そしてここで、すべては幻想だから意味はない、と虚無的になってしまう人もいるかもしれません。

しかし、実体がないから、幻想だからといって、

形ある世界は無意味ではありません。形ある世界も、空そのものであり、空の表現です。

すべては空性《くうせい》の現れなのです。

空であるデータの海は、自らを知るために、色の世界が必要なのです。

だから、私たちは延々と人生ゲームを繰り返すのです。

すべては空だ、ということを伝えているのが仏教ですが、仏教はこの世への執着を落とす、見える世界への執着を落とすということを教え、目指します。

執着を落とすのだから、目に見える世界に関心が薄くなるのは当たり前で、その過程で、目に見える世界で肉体を持って生きる意味とか、何にやる気を出すのかとか、そうした疑問が出てくるのは、ある意味当然のことです。

この世界は幻想だし、何も目指すものもない。でもそのうえで、それでも生きていかなくてはいけない。

じゃあ、何をするか、どうするのか。

だとしたら、自分のやりたいように、自分の思うように、自由に生きたらいいじゃないか、縛られるものは何もないのだから。

そのように思える日が来るのではないでしょうか。

必死で生きるのがしんどいなと思えば、必死で生きなくてもいいし、必死で何かをやってみたかったら、やってみたらいい。

そこにあるのは本当の自由です。

そして、本当に自分とはすべてだ、自分とは宇宙だ、ということがわかると、起こってくることもすべて自分だ、ということがわかるようになります。宇宙という自分が、人間の身体を通して自分を表現していること、無限であるあなたが、有限を体験していることがわかります。

さらには、**死が存在しないこともわかる**ため、死を恐れなくなります。

そのままでいい、と本当に思えるようになり、そして、何も恐れるものがなくなってくるのです。

この世界が幻想だとわかっても、ずっと、人生ゲームは続いていきます。

しかし、幻想でありゲームであるので、何かに過度に固執したり悩んだりするということはなくなってきます。

人生ゲームの仕組みについては第二部で詳しく書きますが、このゲームにはシナリオがあり、そのシナリオに沿って、ただ、起こるべきことが起こっているだけだし、起こってくることが、自分の本当に望んでいることだったり、自分の本心の反映だとわかるようになります。ですので、**現実に抵抗しなくなり、ありのままの現実に調和してきます。**

そして、自分がすべて、自分しかいないのだから、すべては自分次第だということもわかります。あなたが大丈夫だと思えば大丈夫だということです。

このように、人生が生きやすいものになってくる人がほとんどでしょう。

人は、これがいいことだからこうしなければいけない、よりいい暮らしのためにこうしなければいけない、人の目があるからこうしなければいけない、そんなふうに考えて行動を決めがちです。

でも、「個の自分」も「世界」もなくなると、**「こうしなければいけない」ことがなくなります。**そういうことは何もない。別に何もしなくてもいいけど、してもいい。この世界で、常識としてやらなくてはいけないことも、いいことだからやらないといけないことも何もない。そのように思えるようになってくるでしょう。

そして、このような状況で、**では何が湧き上がってくるのか？**

それを見つめてみましょう。

それを静かに見つめて、湧き上がってきたらそうしたらいいし、湧き上がってこなければしばらく待てばいい。そんな感じで、**本当に流れに任せてしまうのです。**

私自身も、別に何もやらなくてはいけないことは何もありませんが、湧き上がってくるやりたいことに従って生きています。

だんだんと、夢を夢だとして気楽に楽しむことができるし、本当は何も起きてないのだから不安に思うことは何もないし、夢なのだから何が起きても安心だし、その中で自分の好きなように自由にすればいい、そのような境地、**絶対安心で絶対自由の境地**に近づいていくことができるでしょう。

目覚めて生きていく

自分とはすべてだ、宇宙だ、空だ、ということに気づくことは、始まりであって終わりではありません。本当の自分自身を思い出しても、人生ゲームは続いていきますから、その気づきに調和して生きていくことしか、私たちにはできないのです。

つまり、**空だとわかったら探求の終わりではなく、わかったうえでどう生きるか？　そこからが探求の始まりです。**

本当に、この世界は、ないのです。ないけど、人生は続きます。

悟りを探求する人の中には、人生をどう生きるか、という問題について、それはストーリーだ、とか、スピリチュアルなことだ、と言って軽視する場合もあると思います。

確かに、形ある世界というのは幻想です。

しかし私は、本当の自分を知ったうえでどう生きるか、というのも大事なことだと思います。

色即是空、空即是色。つまり、**空も色も同等なのです。**
また、空の唯一の望みは「自分を知りたい」ということですが、その自分を知るために
この仮想現実世界が生まれ、その中で私たちが人間の姿をとってさまざまな経験をするこ
とで、その空の自分を知りたいという望みが叶うのです。
ですので、たとえゲームであったとしても、この人生の経験、この人生をどう生きるか、
ということは大事なことです。

あなたという生命は、生まれることも消えることもない、永遠のものです。

空であり色、波であり粒、永遠にそうであるもの、があなたなのです。

すべてである自分と、個としての自分。

それは、どちらかが本質でどちらかが本質ではないのではなく、どちらも本質です。

水と氷と水蒸気が目の前にあったとして、どれかが本物でどれかが本物ではない、なん
てあり得ないでしょう。どれも本物であり、どれも幻想です。

仏典にも、すべてが空だとわかったら、それを伝えるためにまたこの世に戻ってくる、
ということが書かれていますが、結局のところ、全体としての自分が個になるゲームとい

うのに終わりはなく、永遠と続いていくのだと私は思っています。

だからこそ、どう生きるか、ということを蔑《ないがし》ろにしてはいけないのです。

目覚めることが大事なのではなく、目覚めて生きていくこと。

これがこの本で私がお伝えしたいことです。

ですので、どちらかだけを語るのは片手落ちだと私は思いますので、第二部では、色即是空の色について、形のある世界、その世界での生き方について書いていきたいと思います。

目覚めて生きていくというのは、結局のところ、**人生をゲームとして、俯瞰する生き方。** いいことも悪いことも、どちらもゲームとして楽しめるようになり、流れに任せて安心して生きられるようになります。

第二部

色《しき》

第二部—一　人生ゲームの仕組み

人生ゲームを楽しんでやり切る

第一部でご説明してきた通り、今あなたが現実だと思っているこの世界、目の前に広がっているこの世界は、**何もない空間に映し出された仮想現実**です。

この仮想現実の世界を、仏教では色《しき》※30といいます。

「すべては空《くう》※31」だから、人生には意味はない、何をやっても意味はない、幸せにも意味はない、ただの暇つぶしだ、だから何も求めず生きよ、みたいな考え方もあり、それもそ

※30 色　五感によって認識される、物質や肉体。存在物。もの。目でとらえられるもの。色や形のあるもの。

※31 空　すべての事物が、本質的には空虚であるという考え方。すべての事物は、他の多くの要因と相互に関連しながらできた仮の姿で、永久不変の実体や自我などはない。

の人がいいならそれでいいと思います。

しかし、空だとわかっても、肉体の死が訪れるまではこのゲームを降りることはできないわけで、そこには長い長い時間が存在します。

だとしたら、いかにこのゲームを楽しむか、いかにこのゲームをクリアするか、ということを**楽しんでしまったほうがいい**、私はそう思います。

ゲームというのは、そもそも楽しむためのものなのですから。

また、このゲームをやり切ることにより、この世に全く未練を残さないという状態は、**解《げ》脱《だつ》**と同じ状態です。第一部で、人は望みによって転生してくるとお伝えしましたが、すべてをやり切って望みを残していない状態になれば、もう転生のもとになるものはありません。

その意味でも、**この人生を設定やシナリオに従ってやり切ること**、これがとても大事になってきます。

第二部では、あなたが目覚めたうえで、個として人生ゲームを生きる、その生き方についてお伝えしていきたいと思います。

つまり、**このゲームの仕組みや攻略法**についてです。

自由意志はあるのかないのか

このゲームを遂行するにあたって、人間に自由意志があるのかないのか、気になる人は多いと思います。

自由意志[※32]というのは、どの視点から語るかにより、**あるとも言えるし、ないとも言える**ものです。

科学的な実験でも、私たちが意志を持つ前にすでに脳は動いているという結果が出ているものもありますが、その意志を持ってから実際に行動に移すまでには、その行為を行う

※32 自由意志 自由意志とは、外的な強制・支配・拘束を受けず，自発的に行為を選択することができること。その反対は決定論で、すべての事象には原因があるので、人間が何かを自由に選択することはできないとする考え方。もし、あらゆる事象が素粒子によるものならば、また、人間はデータの海からなるデータの集合体でしかないのならば、あるいは、釈迦がすべての事象には必ずそれを生んだ直接の原因（因）と間接的な原因（縁）があるとする縁起説の通りならば、はたして、人間に自由意志はあるのだろうか？

人間の自由意志は存在しないことを示した実験

1983年、神経生理学者のベンジャミン・リベットは、被験者に脳波と筋肉の活動をモニターする装置をつけて、被験者が好きなタイミングで手首を動かす実験をした。すると、動作を始める0.2秒前に意識的な意思決定がされたことを示す脳の電気信号が検出された。しかし、その電気信号の0.35秒前には、それを促す無意識的な準備電位が現れていることが判明した。

つまり、「こうしよう」と意識する前から、脳はその準備をしているのだ。これは、**自由意志があるのかないのかで考えると「ない」**と言える。

人間の自由意志は存在することを示した実験

2015年、ドイツで行われた実験では、脳が無意識的な準備電位を発してから0.2秒後までならば、その脳が準備した決定を拒否できることが判明した。

これはつまり、0.2秒というわずかな時間だが、人間には選択の自由があるのだから、**自由意志は「ある」**とも言える。

かどうかの選択はできるという結果が出ているものもあり、**科学的に結論が出ているわけでもありません**（１２７ページ参照）。

第一部でお伝えしたように、あなたの本質はデータだという観点から考えると、あなたが個人の自分の意志だと思っているものも、結局はデータから送られていて、それを受信しているだけですが、しかし、そのデータそのものがあなただという意味では、あなたは自由意志そのものだということになります。

すべてはデータの中から湧き上がってきて、そのデータに基づいて判断が下され、それ

を私たちは受け取っているだけです。

つまり、**私たちの身体や脳は受信機**なのです。

データから来ているものを脳が受信し、私たちがそれをやろうという意志を持つ、という流れだとすれば、科学的に行われた実験の結果とも一致します。

また、あなたは、**あなた以外のものにはなれない**という点において自由意志はないと言えます。

例えば、あなたの好きなもの、食べ物、人など、それは決まっていますよね。

これは好き、これは嫌いなど、自然とあなたの内側から湧き上がってきますが、ある食べ物を好きか嫌いか、それはそうだからそう、そもそもそうなのであって、自分で決めているわけではありません。

あなたのやりたいことも同じです。

あることには興味を持ち、やりたいと感じるけど、あることには全く興味がない。これも、そもそもそうなのであって、それを変えることはできません。

やりたいと思うことが決まっている、ということはつまり、自由意志はないと言えます。

そもそもの設定やシナリオは決まっているのです。人生はそのシナリオに沿って流れていくゲームです。

結局のところ、どんなことでも選べる、という意味での自由意志はありません。

しかし、あなたのデータの範囲においては、選択肢はいくつもあります。**人生は巨大で複雑な阿弥陀《あみだ》くじのようなもので、幾つもの経路が重なり合っている**のです。１秒１秒すべて決まっているという人もいますが、今しかない、映し出されているのは今だけなのだから、未来が決まっているわけはありません。

未来は、データの中にはすでに存在します。しかし、それは決まったひとつの未来ではなく、すべての可能性を含む無数の未来です。

空から見たらすべては決まっていても（すべての可能性が情報としてすでに存在していても）、**色からみたら何も決まってないのです**（こちらも、可能性が存在しているだけ）。

また、量子力学においても、**不確定性原理**※33といって、ひとつの粒子について、位置と運動量、時間とエネルギーのように、互いに関係ある物理量を同時に正確に決めることは不可能であるということがわかっています。

つまり、**未来は不確定**なのです。すべては波として存在していて不確定であり、すべての可能性が同時に存在するということも、科学でわかっているのです。

また、個人はいないのだから自由意志はない、と言われることもあります。

※33 **不確定性原理**　1927年にハイゼンベルクが提唱した量子力学の根幹をなす原理。素粒子は、粒子でもあり波動でもあるため、位置を正確に測定しようとすればその運動量が不確定になり、運動量を測定しようとすれば位置が不確定になる。私たちが物理的な事象を完全に予測することの難しさを示している。

しかし、あなたの意志は、空の意志でもあるわけです。すべてはあなたなのだから。あなたと空は切り離されたものではなく、**あなたは今すでに空なのです。空であると同時に色なのです。**

だから、あなたは何か操られているわけではなく、自由意志がないわけでもありません。

例えば、電車が止まったとか飛行機が飛ばないなどの理由で、どこかへ行こうと思っても行けないことがありますが、そういうことがあったとして、行きたいのに行けなかったと考えたら、それは自由意志はないということになります。

しかし、本心のところでは行きたくなかったことに気づいたり、自分にとって必要なことが起こったのだと考えたり、行けなかったということを受け入れたら、それは自由意志があるということ（あなたの意志の通りになったということ）になります。

このように、**自由意志はあるともないとも、いかようにも言えるもの**なのです。

また、自分の意思に関係なく、起こることが起きているだけで、願いなんて叶わない、夢も希望もないという人もいます。

本人がそう思っていたら、その通りになっているわけで、つまりこれも、本人の信じていること、本人の願いが叶っている状態です。

つまり、**あなたの人生は望んだものであり、これからも望んだようになっていく**ということなのです。

自由意志がなかったとしたら、あなたの決めたことが決まっていたことだし、自由意志があったとしたら、あなたが自由に決めたらいいということになります。

どちらにせよ、**あなたの好きに決めることができるし、好きに決めたらいい**ということなのです。

つまり、**自由意志があるのかないのかというのは、この人生ゲームを遂行するうえでさほど重要なことではない**ということです。

自由意志がなかったら
「私の決めたことが決まっていたこと」
「私が好きに決めよう」
自由意志があったら
「私が自由に決めたらいい」
あなたのシナリオ

人生の設定・シナリオ

あなたの人生のシナリオが決まっているからと言って、絶望することは全くありません。

なぜなら、**あなたがこの人生でやりたいこと、叶えたいことがそのシナリオになっているからです。**あなたは、第一部でご説明した通り、「望み」が転生したものなのですから。

その望みが叶うようになっているから、そしてあなたのやりたいことがやれるようになっているから、この人生のシナリオは決まっているのです。

つまり、**あなたがやりたいことをやっていれば、シナリオ通りに生きていくことができます。**そしてあなたは、あなたのシナリオを生き切ることによってこのゲームを存分に味わい、それをやり切ることで喜びを感じるのです。

いちばん益のないのは、もし自由意志がないのなら何をしても無駄、と失望したり、生きる意味がない、と絶望したりしてしまうことです。

私たちの人生って選べるの？　と聞かれたとしたら、あなたの両親も生まれた場所も、あなたの持っている能力も、あなたの好きなことや、やりたいと湧き上がってくることも決まっている、そのように、ゲームの**設定も**、ゲームの**シナリオも決まっている**と答えざるを得ませんが、そのゲームを実際にどうプレイするかは（ゲームにプログラムされている範囲では）自由なのです。

ですので、自由意志はないとか、全部決まっているという言葉に惑わされず、あなたはあなたの人生を生きる。**人生ゲームを楽しむ**ということをおすすめしますし、私自身もそうしています。

この人生ゲームは、何度でも繰り返されます。そして、その最後には、自分とは何か、つまり、自分とはすべてである、というところにたどり着くと思いますが、たどり着いても、やはり個としてのゲームが永遠に展開されますので、あなたという存在に終わりはありません。

あなたは、大いなる自由意志そのものが、あなた自身を知り尽くし、遊び尽くすゲームをしている永遠の存在なのです。

ゲームのルールと仕組み

あなたの本質はデータ（情報）であり、どの国のどんな時代にどんな環境で生まれ、どんな主要なライフイベントを経験するか、何をするための人生なのか――いわゆる人生の宿命や運命と呼ばれるようなものは、このデータの内容により決まっています。

そして、それを**すべて忘れた状態でこのゲームがスタートします。**

しかし、一旦ゲームが始まれば、ゲームの中にそれらを**思い出すヒントは満載**です。

例えば、テレビで見て気になったこと、誰かから聞いて忘れられないこと、ふと興味を持ったもの、そして、あなたの内側から湧き上がってくる「こうしたい」という思い。

そうしたものを追求していけば、あなたのそもそものデータに従って、このゲームが展開されていくようになっています。

このように、このゲームでやりたいこと、やるべきことについてのシナリオは決まっていますが、それは、先ほどもお伝えしたように、1分1秒すべての出来事が細かく決まっていてそれしかないのではなく、この世界は、可能性が重なり合っている世界で、未来は無数に存在します。

無数の可能性の中から、どれが目の前の仮想現実に映し出されるのか、それは**あなたが出している周波数**によって決まってきます。

また、シナリオは決まっているけど、そのシナリオ通りに生きるか、それて生きるかも自由です。

ただし、**シナリオからそれればそれるほど、人生はハードモード**になりますし、**最悪、途中でゲームオーバー**になってしまいます。ゲームオーバーというのは、一旦、このゲームを終了してやり直すということ。つまり、人間でいうところの寿命が予定より早くなってしまうということです。

シナリオを知る方法

この人生ゲームですが、大枠でもいいので、**シナリオを知っていると、とても進めやすくなります。**

個としてのあなたは、パズルの1ピースのようなものですが、その図柄や置かれる場所、役割――これらが個人としてのあなたのデータ、今回の人生のシナリオです。

あなたが、あなたのパズルに描かれている絵柄を自分自身で知ると、どこに置かれているかもわかるし、何をすればいいかもわかります。そして、周囲のパズルにピタッとはまって調和も生まれます。

そして、自分の絵柄（役柄）を達成する出会いもチャンスも何もかも、自動的に引き寄せていきます。さらに個人としての自分の生まれてきた意味がわかったり、個人としての人生が満たされ、幸せに生きていくことができます。

シナリオ通り、設定通りに生きるということは、**宇宙における自分の立ち位置を知ると**

いうこと。あなたがあなたの立ち位置にちゃんと立てば、**宇宙の流れが後押ししてくれるから、あとは流れに乗ればいいだけ**という状態になります。

自分がそもそも持っているものや、自分から湧き上がってくるものに従えば、このような状態になります。

逆に、シナリオから大きく外れてくると、シナリオのほうに戻そうとする力が働くので、困難なことが起こりやすくなってきます。

ですので、シナリオは可能な限りわかっておいたほうが、ゲームはいい具合に進みます。

では、どのように知ればいいかと言うと、あなたがこの人生でやりたいこと、経験したいこと、それがシナリオなので、あなたが**あなた自身のやりたいことに真剣に向き合えばいい**のです。

つまり、シナリオを知るには、ひとえに、

- 自分は何が**したい**のか？
- 自分は何に**興味がある**のか？
- 自分の人生、何に**時間を使いたい**のか？

- 自分はどんなことに**楽しみ**や**喜び**を感じるのか？
- 自分は何が**好き**なのか？
- 何が**欲しい**のか？
- 自分が**やりがい**を感じることは何か？
- 自分の**興味あること**や**ワクワクすること**は何か？
- **やらずにはいられないこと**は何か？

こうしたことに徹底的に向き合い、それに従って行動していくことです。

こっちのほうが楽だから、得だから、安泰だから、いい人に見られるから、羨ましがられるから、ではなくて、**ただ「何がしたいのか？」それを知ることです。**

また、生まれてきた環境、家族などの人間関係、持って生まれた性格、性質、能力、興味、やりたいこと、人生で、見聞きするすべてのことなど、それらはすべて**メッセージ**であり、**ヒント**であり、**サイン**です。

そうしたものをたどれば、ちゃんと道を進んでいけるようになっています。

設定やシナリオがわからない、というお声もたくさん頂くのですが、どんな人でも、必要なものは全部持っているし、人生に現れます。

とにかく、**人生にヒントはたくさん散りばめられていますし**、それぞれの心の中にコンパスがあって、**いつも行く方向を指し示してくれています。**

魔法のランプで、何でも叶えてあげるよと言われたら、どうしますか？

金持ちになってラクしたいとかそういうことではなく、この人生の長い時間をどう使えば、あなたはいちばん満たされますか？

その答えをもしすでに持っていたら、何も特別なことはしなくても、流れに乗っていけば、ちゃんと人生はそれが叶う方向へ動いていくでしょう。

何でも叶えてあげるよ、の答え。その答えを持っているということが、**このゲームを攻略する第一歩**です。

難しく考えすぎないで、日々、できる限り前向きに、楽しく、そしてやりたいことは何かに向き合い、そして、できる限りそのやりたいことを実行に移す。

この壮大なゲームの中で私たちができること、それは、日々、一歩一歩自分なりに、自分の道を探して、それを進んでいくことしかないと思います。

引き寄せの法則

先ほど、無数の可能性の中から、どれが目の前に映し出されるのか、それはあなたが出している**周波数によって決まる**とお伝えしましたが、それが**引き寄せの法則**と言われるものです。いい波動を出していたら、自分にとってベストな現実が再生され、悪い波動を出していたら、ベストとは思えないような現実が再生されます。

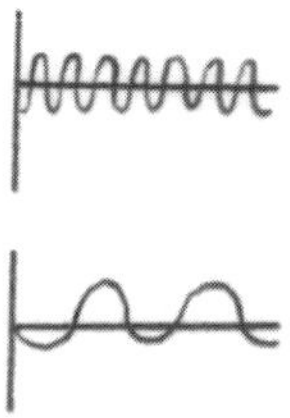

ただ単純に、いい波動だといいことが起こり、悪い波動だと悪いことが起こるとは言えないところもありますが、しかし、**いい波動だと何が起こっても大丈夫だと思えるし、悪い波動だと何が起こっても不安になる**ということなのです。

では、何がどうなったらいい波動なのかというと、まずは、自分が、**喜び、安らぎ、平穏、幸せというような状態**にあること。そして、そのような状態で自分の人生を**前向きに全うする意志**を持っていること。

何が起こっても大丈夫な世界に行きたければ、まずは自分が、何が起こっても大丈夫という状態を作るわけです。目に映っている世界が先ではなくて、**常に自分が先です。**

第一部では、この世界の本質は空であること、自分とはすべてであることをお伝えしましたが、そのことがわかって初めて引き寄せの法則が理解でき、現実に活用できると言っていいでしょう。

あなたがすべてだから、あなたの選択が現実に反映するのです。

あなたが、自分とはすべてだということが本当にわかれば、引き寄せの法則も素直に受け入れられるはずです。

そして、あなたの出している周波数が変われば、実際に人生は変わったように目には映りますが、人生が変わるというよりは、そもそも存在した無数に重なり合う現実から、あなたがあなたの波動で選んでいるということです。

私自身、人生のある時点でこれまでの人生と大きく変わっていくという経験をしましたが、それは変わったというよりは、**そもそも予定されていたもの**で、それを**多少なりとも察知して選択した**、ということだと今は思っています。

引き寄せの法則の真実

引き寄せ、というと、どうしても、設定した未来をそのまま現実化する、というようなことを思い浮かべる人も多いと思います。もちろん、そのようなことも起こり得ます。

しかし、私の経験上、この先、自分にどんな思いが湧いてくるかもわからないし、どんな出会いがあるかもわからないし、自分の頭で考えて設定できる範囲以上のことが起こるから、未来を設定することには意味がないと思っています。

引き寄せは、未来には働きません。

本当の引き寄せは、**「今の自分」に働きます。**

ですので大事なのは、

- **今、どうしたいのか**
- **今、自分は何を感じているのか**

です。

今の自分が感じる通りに、今の自分が本当にやりたいことの通りに、現実は反映していきます。

意識が未来ばかりに向いていると、うまく引き寄せできないので、今の自分に意識を向けていきましょう。

未来も自分というデータの中にすでに存在するので、知ろうと思えばわかることもあります。

しかし、未来に叶えたい願いを設定してそちらに意識を集中すると、どうしても、その願いが叶ったら幸せ、となりがちです。そうすると、今、幸せを感じることが疎かになって、幸せを引き寄せられなくなるのです。

その意味でも、**未来に願いが叶うという設定は、弊害が大きい**と思います。

願いを叶えて幸せになるのではなく、今、幸せになる。

これが、引き寄せの基本中の基本です。

私の興味はいつも、未来に願いを叶えることではなくて、今、幸せか、今、楽しいか、そして、今、やりたいことにあります。

そうしていたら、自然とやりたいことや願いは叶っていきます。

未来はわかりません。わかるのは、**今、自分がどうしたいか、今、自分がピンと来ているか**、それだけです。

そして未来はわからなくても、今の思い、それがちゃんと道を示してくれます。

認識が現実化する

本当のあなたとは「認識」であると、第一部で書きましたが、なぜなら、認識によっていかようにも選択し、決定することができるからです。認識によって現実のチャンネルを選んでいるのがあなたです。

現実というチャンネルは、ひとつではありません。無数の並行世界が同時に存在していて、「あなた」という物語は、無数に枝別れしています。違う周波数の無数のストーリーが同時に走っているのです。だから、今どんなつらい現実が目の前にあったとしても、**そのチャンネルは自分次第で変えることができます。**

「思考は現実化する」という言葉[※34]が有名ですが、自分の人生のストーリーを細かく考え

※**34 思考は現実化する** 1937年に出版された自己啓発家ナポレオン・ヒルの書名。全世界で1億部を突破した。アンドリュー・カーネギーをはじめ、多くの成功者の話をもとに成功哲学を説く。

ても、その通りにはなりません。思考を超えたことが必ず起こってきます。

そうではなくて、本当は、**認識が現実化する**、つまり、自分の認識にあったチャンネルが自動再生されていくのです。

人生はすばらしい、と認識していたらすばらしいチャンネルが、人生は苦しい、と認識していたら苦しいチャンネルが、勝手に再生されます。

何が起こっても、どう認識するかの自由はあなたにあります。

あなたが認識を決めれば、あとは、シナリオに沿って、必要なことが勝手に起こってきますので、流れに身を任せていれば大丈夫です。

認識が現実化すると同様に、確信したことは現実になりますが、あなたにとって確信できること、できないことは決まっています。あなたは、あなたのシナリオ上にあるものは確信できるし、シナリオ上にないものは確信できません。言い換えれば、自分らしいものは確信でき、現実になっていきますが、自分らしくないものは確信することはできず、現実にはなりません。確信したら現実化する、という言葉を聞いて、無理に確信しようとする人もいますが、できるものとできないものがあるので、**自分らしいものを大切にして、自分らしくないことは追いかけないことが大事です。**

人とのご縁

人との出会い、ご縁も、そもそも設定されています。

あなたのデータの中で、いつどんな人とどのように出会ってどんな関係になるか、というのも決まっているのです。

あなたの人生のシナリオを遂行するために**必要な人に、必要なときに出会うようになっているの**です。

つまり、どんな人でも縁のない人はいません。

しかし、縁には良縁と悪縁の2種類あります。

良縁は、それがどんな人間関係にせよ、自分自身の道を進む、自分のシナリオを進めて行くために必要な縁で、その人との関係により自分自身の生き方がより輝いてくる、お互いに自分の道を生きるうえでプラスになる関係。

悪縁は、それ以外の縁です。過去生でやり残したことをやるとか、過去生でやられたことをやり返す設定などです。

良縁であっても悪縁であっても、縁というのは自分自身で感じることのできるもので、通常は、相手に強力な**引き**や、**何だか気になる**とか、そうしたものを感じるものです。鈍感な場合、はっきりとした引きは感じないケースもあるかもしれませんが、それでも、縁があれば、なんだかんだでつながりができていくものです。

悪縁の場合であっても、縁はあるので引きは感じます。ですので、この見分けは難しいところではありますが、悪縁の場合は、お互い引き合っても、何かしらの**違和感**があったり、お互い**無理**をしていたり、また、役目が終了したら**自然と離れて**いったりします。

悪縁の例ですが、例えば、データ（過去生）の中に、「恨みを晴らしたい」という望みが残っていたとしたら、恨むような出来事をしかけてくる人が現れるでしょう。なぜなら、そういう人がいなければ、「恨みを晴らす」ということができないからです。データ通り、望み通りに引き寄せます。

このような場合、この関係から自分自身が何かを学んだり、自分がこう思ってたからこのご縁を引き寄せたんだ（だったら、自分の思いを変えればいい）と、**自分が気づくことができたら、その縁はお役目終了**となって、自動的に人生から消えていくはずです。

そして、縁や出会いについても、とにかく、**今世限りの人生ではない**という理解は大事です。今世しかないと思うと、わけのわからないこともたくさんありますが、**多重に重なった別の生（データ）**があって、それが**相互に影響を及ぼしている**と考えるとわかることがたくさんあります。

人間関係の悩みは多く、その縁がつらく苦しい場合ももちろんあると思います。しかし、何らかの理由でそれを経験するために、その出会いは起こっているので、自分でそれに気づかない限り、そのご縁から自ら離れたとしても、同じような経験をする縁がまた引き寄せられてくるでしょう。

出会う人はすべて、軽いつながりの人から強いつながりの人まで、あなたの人生に必要だから、必要な縁だから出会っているわけで、やはり、大変だから排除しようとしても基本的にはできませんし、そうしても自分にとっていいことは何もないのです。

同じような人を何度も引き寄せる理由

例えば、何度も何度も繰り返し、同じような恋愛をして、同じように終わってしまう、という話はよく聞きますが、自分自身が変わっていなかったら、相手が変わったとしても、それは見た目がちょっと変わっただけで関係性は同じ、ということが繰り返されるだけです。

ですので、相手が変わればいい人間関係ができるはず、という考えは捨て、**まずは自分が自分の人生を生きる、それを始めてください。**

そうしたら、出会う人も変わってきます。

同じような恋愛、大切にしてもらえない恋愛ばかりしてしまうという場合は、自分が自分と真剣に向き合えていないから、真剣に向き合ってくれない人ばかり引き寄せてしまうの

です。だから、まずは自分と真剣に向き合う。つまり、自分はどう生きていきたいのか真剣に考えて、それを実行に移していくことからです。

それをちゃんとやっていけば、その道筋上に縁のある人はちゃんと現れます。

その中には、良縁も悪縁もあるでしょうが、悪縁であっても、それは通らないといけない道なので、どちらにせよ、自分の人生をちゃんと進んでいる感は得られます。

先ほど、自由意志があるかないかはさほど重要ではない、と書きましたが、あなた自身があなたの道をちゃんと進んでいれば、恋愛や結婚を含め、必要な人間関係はちゃんと引き寄せられてきますので、**ご縁についても、自然の成り行きに任せるのがいちばんです。**

仲良くなれる人、なれない人、好きになる人、ならない人、それもそもそも決まっているので、無理にコントロールしようとする必要はありません。

宿命には逆らえない

人生の設定は、人によってシンプルだったり複雑だったり、また、ご先祖からの因縁《いんねん》※35を背負って生まれてきているケースもあります。

例えばですが、私の家系には、詳細は伏せますが、**ご先祖からの因縁があるらしく、私がそれを解消する役目を担っている**、そういう設定になっているそうなのです。そして、私が世の中に出て広く活動して、それによって、結果多くの人を助けることになることで、その因縁が解消されていくのですが、ちまちまやっていると間に合わないため、本を出したりして、広く大きく、たくさんの人に伝えていかなくて

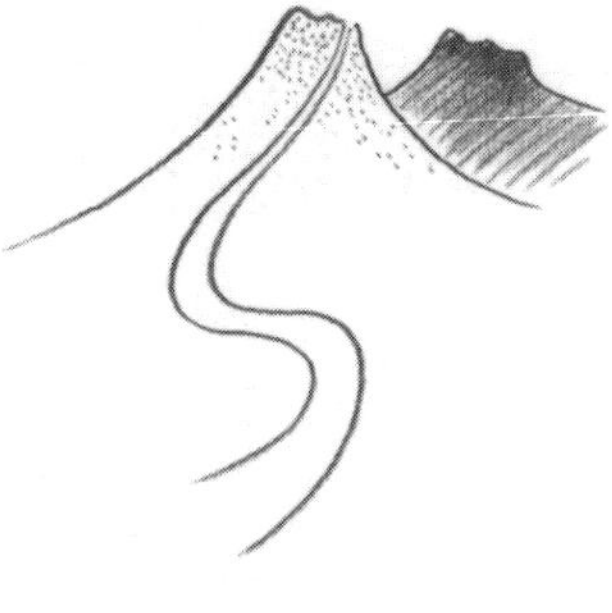

※35 **因縁** 仏教用語。「因（いん）」は、物事が生じる直接の力。「縁（えん）」は、それを助ける間接の条件。すべての事象は、この2つの働きによって起こるとされる。ここでは、前世から定まった運命、宿命の意味。

はいけない、ということなのだそうです。

私は本家の長女だったので、うちが一家の中心というようなものは小さい頃から感じていました。ただ女の子だったこともあって、家はお前が継ぐんだ、みたいなプレッシャーはなしに育ったのですが、それは今考えれば、家を継いでいたら、その大きな因縁は解消できないからで、家を出て、もっと広く活動していかなくてはいけないからそうなっていたのでしょう。

設定はそもそも決まっているし、やる、やらないの選択肢、そして、周波数による選択肢はありますが、結局のところ、**それをしなければいけない流れ**にどうしてもなっていきます。

このように書くと、勝手にいろんなものを背負わされているような感じ、やらされている感じですが、しかし、こうした解消しなくてはいけない何かがあったとしても、無理やりやらされているというよりは、やりたいことをやっていったら自然とそうなって、そしてその因縁は解消できる、そんなふうになっているのです。

私は18歳で大学に行くために上京し、早々に家を出たのですが、それも、出たくて仕方なくてそうしました。つまり、因縁を解消しなければいけない、と思ったわけではなくて、

ただやりたいようにやっただけです。

その後も、ただやりたいようにやってました。会社員から今の仕事に変化していったときも、当たり前ですが、因縁を解消しようと思ったからではなくて、それがやりたかったからです。

ただ自分の心に従っただけです。

やらなければいけないことを背負わされている人もいますが、それは、全然やりたくないことではなく、やりたいことをやればいいということなのです。

そして、それをやるのは、すごく大変なこともありますし、乗り越えなくてはいけないたくさんのこともありますが、やっただけの喜びも報いもちゃんとあります。

逆に、やらないと、**そっちじゃないよ**というような、**強制終了的な大変なことも起こりうる**ので、やるしかないのです。

私も、人生、普通に幸せに生きられればそれでいいと以前は思っていたのですが、設定から外れると、人生はハードモードになるため、その考えでずっと生きていたら、今頃けっこう大変だったでしょう。

人生の設定、人生の仕組みというのは、おもしろいものだなと思います。**本当に、なるようになるし、なるようにしかなりません。**

こうした因縁が大きい人、そうでない人、いろいろいます。

しかし、あなたの本質というのはデータで、そのデータには膨大な情報量が含まれるので、みんな多かれ少なかれ、因縁やカルマは何かしらあるでしょう。

大事なのは、そうした因縁やカルマにとらわれるのではなく、あなたの持っているエネルギーを曲げたり押し込めたりしないで、そのまま表現することです。

つまり、やりたいことをやりたいようにやることです。

そうすれば、自然と、自分の設定通りに生きていけます。

宿命や運命には逆らわず、そして流れに乗る。

目の前のやりたいことをひとつずつこなしていたら、自然と流れには乗れるようになってきますので、あまり、背負っているものなどを考えずに、好きに生きればいいのです。

守護霊や先祖

守護霊[※36]やご先祖というものも、私たちと同じく、仮想の存在ではありますが、このゲームの要素としては大事になってきます。

私たち個人個人というのは、データの海に起こるひとつの波のようなものですが、そのデータというのは、過去に生きていた人の経験や思念のもとにできあがっています。

ですので、私たちは、肉体という意味では、家系のご先祖様、思考や精神という意味では、人類全体というご先祖様の上に成り立っている存在です。**ご先祖様がいない、という人はこのゲーム中には誰もいません。**だから、今回の人生を生きていくうえで、小さくは血縁、大きくは人類全体という意味で、ご先祖様という存在は大事なものなのです。

私たち人間は、もし、死を迎えて肉体がなくなったとしても、その**思念**は残ります。

※36 守護霊　人に付き添い、その人を見守っているとされる霊。

その感覚は、生きている今でもわかると思います。

今回の人生、もう全部やり切った！　思い残すことはもう本当に何もない！　というところまでいければ、その思念はほとんど残らない、ということになりますが、大抵の人は、多かれ少なかれ、亡くなるときにこの世に何らかの思いを残しています。

ご先祖様というのは、その思念のことだと思っていいと思います。そして、その思念を蔑ろにしないことが大事です。そのためにできることが、ご先祖の願いを叶えてあげることだったり、お墓参りをすることだったりです。

亡くなった方はすでに輪廻転生しているから、お墓参りは意味ないのでは？　というご質問を過去に頂いたこともありますが、第一部でご説明した通り、個々の魂が輪廻するのではありません。あなたの肉体があろうとなかろうと、あなたの「思い」はあり続けるように、この世に**誰かが残した「思い」はあり続ける**のです。なので、その「思い」に対する供養と考えるとわかりやすいかと思います。

また、あなたは、3次元世界に肉体を持ちつつも、データとしては同時にどこにでも遍在している存在です。1箇所ではなく、同時に無限に遍在するのです。

3次元に生きていると、どうしても、ここにいたら、あそこにはいない、というふうに考えてしまいますが、実際、人間の本質はデータなので、ここにもあそこにも、この世にもあの世にも、今、同時に、無限に存在し、そしてしかし、その存在は実は何もない真空だという、かなり奇妙キテレツに聞こえるとは思いますが、これが世界の本当の姿です。

あなたは、3次元世界に生きる○○さんであると同時に、誰かの先祖でもあり、誰かの子孫でもあるわけです。すべてはすでに存在します。ご先祖が生まれ変わったとしても、先祖は先祖です。そして、そのすべてが「あなた」です。

そう考えると、**今のあなたが楽しく笑って生きていること、それが、先祖や子孫、ひいてはすべての人類にとってのいいことになりますね。**

さらには、この人生ゲームが難しいので、それぞれに**導き役**もついています。それが私たちが**守護霊**と呼んでいるものです。

守護霊以外にも、幽霊や悪霊《あくりょう》[※37]的なものから、人に神様と呼ばれているような存在まで、このメタバース空間にはいろんな霊的存在がいます。そうした霊的な存在も全部含めて、**ゲームの中のキャラクター**と考えるとわかりやすいと思います。

※37 悪霊　人にたたりをする霊魂。もののけ。怨霊(おんりょう)。

まずはお墓参り

ある友人の話ですが、その人は、お父様が早くに亡くなられていたのですが、お墓がきちんとされていなかったそうです。そして、その友人の家にはいろいろ問題が起きていたのですが、詳細は伏せますが、ある人のアドバイスでお墓をちゃんと整えたところ、いろんな問題が解決の方向へ動き出したとのことです。

そのような話は、本当に何度も聞きました。

スピリチュアルの世界では、いろんな開運アクションというものが語られますが、それはそれぞれ、何らかの効果は大なり小なりあるとは思いますが、しかし、もし、**ご先祖様という私たちのいちばん身近なものが蔑ろにされていては、どんなことをやってもうまく**

いかないでしょう。

ご先祖様の思念は、まず、それに気づいていて**いろんなサインを送ってくる**からです。それが、事故や病気など悪い形で現れるケースもあります。もちろん、必ずそうだというわけではありませんが。

今回の人生ゲームを、自分の設定に従って、自分らしく幸せに生きていくには、**まず、ご先祖様の思念が整っている状態が必要であり、そうなって初めて、自分の本来の人生がスタートする**と言ってもいいくらいです。

だから、**お墓参りは**、この人生ゲームにおいてはやらなくてはいけないこととして、**基本中の基本なのです。**

お墓参りに行けば、今の自分にいちばん必要なヒントや支援が、どこからともなくやってくるでしょう。また、どうにもならないような問題を抱えているときも、お墓に行って、ご先祖様に応援を頂く気持ちで参れば、何らかの助けやヒントは必ずやってくるはずです。

自分に縁のあるお寺や神社などでも同様のことは起こりますが、まずは、お墓参りです。

もちろん、お墓参りが大事だと言っても、過度に何かをしなくてはいけない、というわけではなく、お墓がきちんと整っていて、年に1～2回でも、ちゃんと参っていればそれで大丈夫ですが、状況は人により違うので、必要な方は、ご自身の家のお墓のあるお寺の住職さんなど専門家に相談してみてください。

お墓参りは、このゲームを進めるうえで、いちばんの開運アクションであり、パワースポットです。

お墓参りの際は、眠っているご先祖様が安らかに眠られますように、ということと、ご先祖様がいるからこそ自分がいるという感謝、そして、ご先祖様の思いを担って生まれている自分が自分本来の道を歩けるようご支援ください、というようにお参りするといいと思います。私はいつもそのようにしています。

もちろん、ものすごく行きたくないのなら、無理に行く必要はないですが、それが必要になったときは、自然と行きたいとか、行ったほうがいいというような思いが自分の中から湧き上がってきたり、行ったほうがいいよというような情報に触れたり、誰かに言われたりするというようなことが起こってくるでしょう。

ですので、そうした流れに従いましょう。

亡くなった人に会いたい

人間が肉体という物質だと考えると、その人が亡くなって、その人のまま転生するわけではないということが、その人がいなくなってしまうように感じるかもしれませんが、**人の本質はデータです。**

データなので、永遠に存在しますし、コピペも加工もし放題でできるわけです。

死後に会いたいAさんがいたとして、Aさんのデータ、つまり、Aさんというフォルダがあるのを想像してみてください。例えば、AさんとBさんのデータがミックスされて、Cさんという人ができて、その人が物質世界に生まれてきたとしても、Aさんというデータのフォルダは残すことができます。

あなたが、Aさんを思い出せるということは、それは、Aさんのデータがあるということなのです。そして、思い出すということは、あなたがそのデータをあなたの中で再生しているということ。

あの世に行ったときに亡くなった人に会うと言われたりするのは、このデータの投影に出会うということですし、霊能者などが亡くなった人のことがわかるのは、このデータを参照しているからです。

基本的には、肉体が亡くなると、その人のデータは**データの海へ戻ります**。これが仏教でいう**成仏《じょうぶつ》**という状態です。しかしそこへ戻ったとしても、Aの人生というデータのフォルダはあるわけで、なくなってしまうわけではありません。

私たちはの本質はデータであって、同時にいくつでもどこにでも存在できるのです。

第二部-二

人生ゲームの進め方

人生ゲームのステージ

人生はゲームだ、というのは比喩ではなくて、本当にゲームなのです。

ゲームなので、だんだんとレベルを上げて、徐々にステージを進んでいくようになっていて、最初から最終ステージには行けないようにそもそもなっています。

例えば、ステージ1から10まであるとしましょう。基本的に、ステージ2に行くにはステージ1をクリアしなくてはならず、また、飛び級のようなこともできません。

地道に進んでいくしかないのです。

スピリチュアルなことや引き寄せの法則を知ったりすると、ステージが一気に1↓10へ

変わると思う人もいると思うのですが、そういうことではありません。ステージを進むスピードが速くなるとか、今までより毎日を楽しく生きていけるということはありますが、**経験しなくてはいけないことは経験しなくてはいけないようになっています。**

これまで、私が引き寄せの法則をお伝えするなかで、いい気分で、いい波動で、ということをずっと言ってきましたが、波動を上げたら一気にステージ1から10までいけるか、つまり、あらゆる願いが即座に叶うのかというと、そうではありません。

ただ、ひとつのステージの中にも、**あらゆる可能性が同時に存在していて、その中で自分に合った波動のものを選択し続ける**ということです。いい波動でいたら、その可能性の中でいちばん自分にとっていい感じのルートを進んでいけるということです。

これは、悪いことが一切起こらないということではないですが、悪いことがあってもそこから自分の学びに変えていけたり、それでよかったんだと納得できるようになります。

スタートは同じで、もとになるシナリオ、つまり「**この人生でやりたいこと**」は同じでも、どのルートを通るかによって人生の展開は随分と変わってきます。

そして、**そのステージで必要なことは、必ず目の前にやってくるようになっています。**

そして、クリアしたら、必ず次に行けるようになっているのです。

ステージの進め方

自分のやりたいことは何か？

常にこれを考えて、そして実行していけば、自然と**人生の地図**は手に入ります。

この人生ゲームは、「あなたのやりたいこと」がベースにできているので、本当にシンプルに、自分は何がしたいのかを考え、それに忠実にやりたいことをやっていけば、ちゃんとステージが進んでいきます。

つまり、人生ゲームのステージを進めていくのに大事なことは、**とにかく、やりたいことや気になることはやってみる**ということ。

やることをやる、会う人に会う、行くところに行く、経験することを経験する、身につけることを身につける、ということをしないと、このゲームは次に進めないようになっています。ですので、やりたいこと、気になること、行きたいところ、見たいもの、食べたいもの、そうしたものがあったら何でも、行動に移しましょう。

もちろん、流れが来ていないものを無理やりやる必要はないのですが、今やるべきことと言うのは、必ず流れが来ます。逆に、無理に押し進めないとできないようなことは、今やるべきことではないと判断できます。

人生は波乗りです。波は何もしなくても勝手にやってきますが、ゲームのステージを進めるには、そこに自分が乗らないと進みません。

波が来たときに、よし、やってみるか、という一歩が必要です。そしてよく、勝手にそうなったとか、宇宙の後押しが働いたような経験をしたという話を聞いたことがあると思いますが、それは来た波に自分が乗ったときにそうなるのです。

そうしたら、完全自動で、必要なチャンスも出会いも向こうからやってくるという状態になります。私自身も、自分が一歩、本の出版に向かって動き出したら、あとは勝手に自動で流れに乗ってここまで来ました。

うまくいくならやる、いかないならやらないとか、合っているならやる、間違っているならやらないというスタンスの人が多いですが、うまく行くかどうかが大事なのではなく、

経験することが大事なのです。

最初は、それが合っているのか合っていないのかわからないなりにやってみる、間違っていてもＯＫと言うような感じで進んでいくしかないのです。

人生とはこういう仕組みというのを意識しながら進んでいくと、だんだんわかってくるようになりますから、最初はとりあえず、おそるおそるでも進んでみるしかありません。必ず導かれている、というのを信じて進んでいくしかありません。

そうして進んでいくうちに、自分でもサインがわかってきたり、自分自身の心への響き方などでそれが本当にやりたいことなのかわかるようになったり、すでによくわかっている人に出会ってアドバイスをもらえたり、ゲームがうまくなってきます。

やりたいと思うことは、それが正解とか不正解とか悩んでる暇があったらやったほうがいいのです。無理にではなくて、そのときできることからでいいので。

難しいけど楽しくてやりがいがある。そして、いいことも悪いことも、自分が経験したいことを経験できる。

それが、今、皆さんが参加している**リアルメタバース人生ゲーム**です。

興味のあることを追求する

この人生ゲームは、**とにかく、やりたいことを行動に移していけばいい**のですが、やりたいことをやると言っても、そこに、

- それが仕事になって稼げるものでなくてはいけない
- 人からよく思われなくてはいけない、認められなくてはいけない
- やりたいけど、自分には無理だ

などなど、さまざまな思いがくっついてしまって、わからなくなってしまう人が多いのだと思います。

やりたいことは何ですか？　と聞かれると、大きく捉えすぎてしまう人が多いのですが、やりたいことがわからない人は少しハードルを下げて、**「興味のあることは何か？」**と考えてみてください。

これなら、素直に出てくる人が多いのではないかと思います。

ポイントは、興味あることなら何でもいい、ということです。たとえ人から見たらすごく変なことでも。

例えば、うちの娘は、あるときから「刑務所」にすごく興味を示すようになりました。親からしたら、ちょっとびっくりしてしまうのですが。

以前、北海道に行ったのですが、そのとき、網走《あばしり》刑務所が見たいから連れて行って、と言ったり。社会の課題で江戸時代について調べることになったとき、江戸時代の刑務所について調べたり。冤罪《えんざい》ものの映画にすごく興味を示したり。

そんなことに興味を持ってほしくない、と否定してしまう親も多いかと思いますが、私は、これほど興味があるんだったら**そこに何かがある**と考えました。

彼女のデータの中には、過去に刑務所に入っていたか、働いていたか、そのような経験があるのだろうと思ったのです。

そうしたらそのうちに、犯罪心理学を学びたい、と言い出しました。そしてその後、娘は、普段知り得ない人の心理を知り、将来的にそれを文章や映像で表現したいという意思を持って生まれてきているということがわかりました（世の中には、人のデータを読める能力を持つ人というのがいて、その人に教えてもらった結果です。こうした人に出会うか出会わないかも、設定により決まっています）。

こんなふうに、あなたの興味あることの中に、人生ゲームの設定のヒントが隠れています。

だから、「あなたの興味のあること」だったら何でもいいのです。

大事なのは、それを否定したり、なかったことにしないこと。お子さんのいる方は、お子さんの興味も大事にしてあげてください。

ただ素直に、興味のあることは何か、それを考えたり、思い出してみたりしてください。

そして、その興味を大事にして、それを追求してみてください。

それがどんなに変なことでも、こんなこととして何になるの？　というようなことでも。

砂場で遊ぶ子どものように、そこに成果も意味もなくていいんです。ただ、自分の興味の赴くままに。

やりたいこととやりたくないことを見極める

結局のところ、興味のあること、やりたいことを一つずつ行動に移していけば、人生はそもそもの設定通りに流れていき、必要な出会いもチャンスも豊かさもすべて引き寄せてちゃんと進んでいくのですが、興味のあることをする、やりたいことをするという単純なことが、なかなか難しいという人も本当に多いと感じます。

やりたいことだと思っていても、責任感からそう思っているだけだったり、誰かに認められるため、勝ち組になるため、お金のためなど、そうしたことを自分のやりたいことだと思ってしまっているケースは本当に多いのです。

逆に、やりたくないと思っていることも、本当はやりたいけど怖いからやりたくないだけというケースもとても多いのです。

しかしその場合は、自分自身が逃げていても、それが追いかけてくるような感じになります。断っても、また話が巡ってきたりします。

本当にやりたいことをやるには、勇気がいることが多いのです。

今回の人生の設定は、あなたのやりたいことが設定されていますが、それは、基本的にはやったことがないことなので、**大抵は怖いはず**なのです。また、本当にやりたいことというのは、あなたにとって大事なことなので、怖いのです。ですので、表面上はやりたくないと思ってしまうことが多いのですが、そこをチャレンジしていくと、どんどん道が開けていきます。

やりたいことをやればいいし、やりたくないことはやらなくていい、これは真実ですが、その前に、何をやりたいのか、やりたくないのか、本当に見極めることがとても大事です。とはいっても、100%事前にわかるわけではないので、ある程度やってみたいことは、行動に移していくことです。行動すれば、それが本当にやりたかったのか、どの程度やりたかったのかなどわかってきます。

間違っていても全くかまいません。それは違った、ということがわかるいい経験になるのです。

頑張ることと頑張らなくていいことを見極める

頑張らなくていい、という言葉も、一時期とても流行りました。

人の期待に応えるためにやりたくないことをやって頑張る、自分らしくないことを頑張るなど、そういう不自然な頑張りは手放すべきなのですが、自然な頑張り、やりたいこと、やらずにはおられないこと、夢中になってしまうことこそは、頑張ること、努力することが大事です。

それに努力や頑張りという言葉を当てはめるかは別としても、**そこへエネルギーをかけていくことが大事**なのです。

頑張らなくていい、というのと同様に、悟り系などで、今よりよくならなくていい、という考え方もありますが、これももちろん、人に勝とうとか、人より多くを得ようとか、結果を残そうとか、そういう意味での「よく」はならなくていいと思います。

しかしこれも、もしあなたの中から、自然とこうしたい、ああしたい、今よりよくなりたいという思いが出てくるなら、それがあなたにとっての正解です。

自然か自然じゃないか、自分らしいか自分らしくないか、違いはそこです。

もし、今よりよくならなくていい、と無理に自分を抑えてしまうのだとしたら、それは不自然なのです。

他人の言うことは、基本的に参考程度に留めましょう。

あなたの中から湧き上がってくるものに従いましょう。

確かに、流れは何も努力しなくても自動的に来ます。そこは頑張らなくてもいいのです。

しかし、**その流れに乗るには、自分の努力や頑張りが必要**なのです。

安易に、面倒なことはやらなくてＯＫ、頑張らなくてもＯＫと考えないようにしましょう。

自分らしくないことや、本当にやりたくないことならやらなくていいし、頑張らなくてもいいのですが、頑張りたいことがあるなら全力で取り組みましょう。

そうすれば、道は開けてきます。

このゲームの唯一の操縦方法

現実を変えよう、他人を変えようとしても、それはすでに流された過去の映像なのでもちろん変わりませんが、自分、つまりその映像を選択する大本《おおもと》を変えると、現実はおもしろいように変わります。

結局のところ、**自分＝世界、自分＝すべてだとわかることにより、自分をコントロールしていくこと**、これが唯一のこのゲームの操縦方法なのです。

それが本当にわかってしまえば、人生においてそれほど怖いことはなくなります。

大変なことが起こらないとか、嫌なことが全くないということではなくて、**何が起きても大丈夫という状態に**

なれると言うことです。

自分が自分をコントロールすればいいだけですから、他人の言動や、起こってくることや、その結果が、あなたの幸せを左右しなくなります。

そして、**これが真の自由**です。

私自身、これまで何度も、自分の考え方、見方、信じていることが変わったら世界は変わる、という体験をしてきました。

本当に、自分の見方、考え方、信じていることを変えたら、見えている世界は変わっていくのです。

世界は自分の反映、自分自身であり、自分次第でいかようにもなる。

これがこの仮想現実人生ゲームのルールであり、自分をコントロールすることが仮想現実人生ゲームの唯一の操縦方法です。

自分の信じていることを変えるには

信じていることを変えたら、現実は変わる、それはわかっているけど、この「信じていること」を変えるのが難しい、と感じるかもしれません。

これを変えるにはどうするかというと、**信じられるようになるにはどうするか考えて、それを行動に移してやってみるしかない**のです。自分なりに試行錯誤して、いろいろチャレンジしてやってみるのです。

わかりやすい例で言うと、受験。

本人がどうしてもその学校に行きたいとしても、本人が絶対に無理だと思っていたらやっぱり無理でしょう。

でも、そこから頑張って勉強して、「もう大丈夫」とまで自分が思えるようになったら、そこで信じていることが変わるので、現実も大丈夫になってきます。

あることに関して、「無理じゃないか」という思いがあったときは、それが「無理じゃない」と思えるにはどうしたらいいか、そこを、自分なりに考えて、できることはやって、頑張って努力する、このプロセスが必要なわけです。

この世界はゲームだから、簡単にクリアしたらおもしろくないわけで、そこに頑張りは必要なのです。ただ、「無理じゃないか」と思っていたとしても、それがシナリオにあること、つまり、本当の望みであれば、どこかで「無理じゃないかも」「できるかも」と気づくときがやってきて、それを経験することになるのです。

こうやって、自分の努力、頑張りによって、段々と信じていくことは確実に変わります。それ以外に、気づきによって一気に変わるということもあり得ます。気づきというのはふとしたきっかけでやってくることも多いので、こうしたら気づけるよ、ということは言えないにしても、普段からの努力と無関係ではありません。

例えば、**普段から物事の原因を自分の心の中に探す努力をしている人は、気づくのも早いでしょう。**そうすることで、今まで見えてなかったものが見えてきたりするからです。

確かに、**「自分が変われば世界は魔法のように変わる」魔法**なのですが、ではそれをどう実践するかという面においては、**かなり地味で人間的なプロセス**なのです。

そうやって、自分のやりたいこと、自分の本当の望みに真剣に向き合っていけば、まずは自分の信じていることが変わって、その後、現実が変わり始めます。

いつでも願いは叶っている

目に映る現実は、あなたを映す鏡として機能する仮想現実なので、あなたの思いに正直です。そして、あなたの願いは常に叶っているのです。

例えば、こんなご質問を頂いたことがあります。

〈ゆったりとした日々を過ごしたい、と思っているのに、現実は時間に追われています。全然願いが叶わないのですが、どうしたらいいでしょうか?〉

これは、一見、思い通りになっていないじゃないか、願いが叶っていないじゃないかと思うかもしれませんが、これもちゃんと思いが叶っている、**自分の本心がその通りに現実に映し出されている**のです。

どうしてこのような現実を映してしまっているのかというと、このご質問をくださった方は、頑張り屋さんなできる女系、もしくは、できる女に憧れがある、できる女がいいこ

とだと思っている、というような感じなのではないかと思います。

私も過去、会社員時代、なぜか人より忙しくなる、人よりかなり多く仕事を抱えるハメになるということが繰り返されていて、後になって、それがなぜなのかわかったという経験があります。私は、そのときは、仕事ができる自分でいなければいけない、仕事ができる人だと見られたい、そのような思いがあったのです。

私の場合、小さい頃から、勉強できて当たり前というような環境で、私もそれに応えて育ってきたので（今思うと、決して勉強は好きではなかったのですが）、その名残で、仕事もできる人でいなくてはいけない、という思いが当たり前になっていたのです。

仕事ができる自分でいたい、この願いを叶えるため、たくさんの仕事をスピーディにこなさなくてはいけない環境を自分で映し出しているのです。そうしたら、できる自分、いろんなことをスピーディにこなす自分、が叶いますから。

このように、ちゃんと自分の願いが叶っていたのです。

ではここから、どうすればゆったりな毎日に変えられるのかというと、この頑張り屋さんな自分像を**手放し**、頑張ってなくても全然いい自分、ゆったり過ごしていても全然いい自分を**認めていけば、現実は変わってきます。**

まずは、頑張っていなくても大丈夫なんだ、自分は自分でいれば大丈夫なんだと思えるようになることが大事です。頑張り屋さんだったんだ、私、と気づく。頑張らないと愛されない、頑張らないと周りから認められないと思っていたことに気づく。ほとんどの人は気づかないで、ずっと望まないことを引き寄せ続けるので、**気づくのがまず最初です。**気づいたら、もう80％は終了です。気づかないと永遠に変えられません。

そして、気づいたら、その都度、**そんなことないかも？　普通に自分らしくしているだけでいいのかも？**　と考えてみましょう。そう意識を向け始めると、頑張っていなくても大丈夫な環境や出来事を引き寄せ始めます。

一見、なんでこんな現実を引き寄せているかわからない。自分はこんなこと望んでない、ということも多いと思いますが、深く自分の心を見ていくと、必ず自分の深層の願いが叶っています。

現実は正直です。現実は鏡なので、うそをつきません。自分で自分のことがわからなくても、現実を見れば一目瞭然です。

そして、現実を変えていくには、まず、自分のどの思考がこの現実を映しているのかに気づく。気づいたら、それを変えていく。そうしたら確実に現実は変わります。

鏡は先には変わらない

また、このようなご質問を頂いたこともあります。
〈**私は注目してほしい、愛情を向けてほしい**という想いが強くあるとわかったのですが、望む形で叶いません。どうしたらいいでしょうか？〉

この願いは**叶わない願い**なのですが、なぜだかわかりますでしょうか？

それは、この願いは、あなたが鏡の前に立ったとして、鏡に向かって一生懸命、変われ、変われとオーダーしているようなものだからです。

映画を見に行ったと考えてみてください。おもしろかったなと思える映画もあれば、そうでない映画もあるでしょう。そして、もし、自分の見た映画がおもしろくなかったからと言って、その映画のストーリーや人物を変えようとは思わないはずです。

もし、見ている映画、見た映画が望まないものだったとしたら、映画のほうを変えるのではなくて、自分が見る映画を変えようと思うはずです。

自分の選択や行動のほうを変えますよね。

現実もそれと同じです。

目に映っているものはすべて、自分というものを映し出した映像です。

この自分というのは、第一部でご説明した通り、今回の人生の中で出会う人、起こることなど、すべての可能性を含んだデータです。そして、そのデータの中から、今のあなたの波動に合ったものにチャンネルが合って、それが映し出されてくるのです。

もし今、周りを見て、注目されていないのが嫌だな、愛されていないのが嫌だなと思ったら、つまり、自分が見ている映像が望まないものだったら、周りを変えようとするのではなく、自分のほうを変えていかなくてはいけません。

注目されたいとか愛されたいという思いを持ったらいけないわけではないですが、これは、願いの持ち方が間違っているのです。

鏡の中に先に、変われ、変われと命じても、それは変わりません。

だから、この願いをいくら強く抱いても叶いません。

願いが叶わない理由にはいくつかありますが、鏡の中を変えようとしているというのは、そのうちのひとつです。

願うとしたら、

「注目される自分になる」

「愛される自分になる」

と願いましょう。

このように変えただけで、**意識がグッと自分のほうへ向いてくる**のを感じ取れると思います。

今は、自分は注目されていない、愛されていないと思っていると思いますが、その思いが現実に反映されているので、自分は注目されるに値する人物だ、自分は愛される人物だ、そのように思えるようにしていく必要があります。

第二部では、人生ゲームの進め方を説明していますが、ここに書かれているようにゲームを進めていけば、自分が本来の自分を生きていて、人生がワクワク充実し、自然と、自分が自分に注目しているでしょうし、自分のことが好きになっているでしょう。
自分の願いが、鏡を変えようとしているのか？ 自分を変えようとしているのか？ まず、そのチェックは必要です。
願いというのは、

- **自分のやりたいこと**
- **自分の欲しいもの**
- **自分のなりたいもの**

などです。

そうした願いはちゃんと叶います。

しかし、鏡の中を変えようとする願いは叶わないのです。

現実を変えようとするのではなく、受け入れる

もし、望まない現実が目の前に広がっていたとして、あなたのできることは、その状況の中で**できるだけ気分よくいるにはどうすればいいか考える**ことです。

例えば、夏のものすごく暑い日に、暑くて死にそうなら、その中でできるだけ快適に過ごせる方法を考えますよね。

それが、クーラーの効いた家にできるだけいる、でもいいし、出かけなくてはいけないなら、できるだけ日に当たらない方法を考えるとか、水を細かく補給するとか、素敵な冷たいドリンクを作ってみるとか、お気に入りのアイスを食べるとか、涼しい場所に旅行に行くとか、方法は何でもいいのですが、暑いという状況は変えられないから、自分なりに快適に過ごす方法を考えて、実行すると思います。

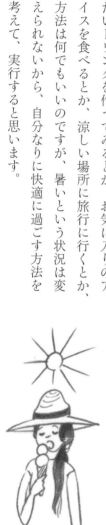

これが気候や天気だったら、誰でも自然と、気候や天気のほうではなくて**自分のほうを変える、自分で工夫する**と思います。

しかし、それが気候や天気ではなくて、職場の労働条件が悪いとか、嫌な人が嫌なことを言ってくるとか、家庭内に問題があるとか、そのような場合、多くの人は、その望まない現実を創っていると思われる状況や他人のほうを変えようと頑張ってしまいます。

しかし、**状況や他人を変えようとするのは、暑い中、気候や天気を変えようと頑張るのと同じです。**そう考えると**無駄な努力**だと気づくのではないかと思います。

なぜか、職場環境や他人などでしたら、変えられるかもしれないと思ってしまう人が多いのですが、それらも気候や天気と同じなのです。

目の前に映る現実は過去の映像なので、変えられないのです。**「変えられないとしたら、じゃあ、自分はどうするか?」**できることは、それだけなのです。

ですので、望まない現実に遭遇したときに、やることはただひとつ。その中で、自分がより気分よくいられるにはどうしたらいいかを自分で考えて実行することです。

その方法は、何でもいいのです。

あなたの考え方が変われば、目に映る現実は変わっていきます。

湧き上がってくる望みは叶うようになっている

実際のところ、あなたは「すべて」なので、あなたの望むことはどんなことでも、それと対になるその望みが叶った状況も、あなたの中にデータとして存在します。

個人としてのあなたに湧き起こってくる望みは、全体としてのあなたから湧き起こってくるものです。

あなたに望みが湧き起こるということは、それは、あなたの設定の中に最初からあるということです。そして、それが叶うというデータも、そもそもあります。それがあるから、望みとして湧き上がってくるのです。

ですので、自分というデータをよく知って、**自然に湧き上がってくることに従っていけば、望みが叶うのは当たり前**、ということになります。

つまり、どんな望みであっても、あなたが本当に望む

なら、すべて叶います。

究極のところ、すべてはあなただからです。

そこでやはり大事なのは、**本当に望んでいることをまず知って、それを叶える**ということ。

この世の中には、ゴールを設定して波動を書き換えるような機械や術なども存在し、その機械で結果を設定したら、本当にそうなることがあります。私のこの業界にいると、そういうものをいろいろ見聞きします。そのようなことも、決して不可能ではありません。

しかし、こんな話を聞いたことがあります。この機械でゴールを設定してその通りになったけれど、その人はものすごく忙しくなって子どもとの時間もなくなり、やりたくないこともやらなくてはいけなくなったりして、決して豊かとも幸せとも言える状態にはならなかったと。

この世界は仮想現実であって、波動空間、情報空間なので、その波動や情報を書き換えたら願いが叶う、ということは起こり得ます。

しかし、このようなことで安易に願いを叶えたとしても、もし、それが自分自身のシナリオとずれていたら、引き戻されます。

自分の本当の望み以外のことを現実化させたとしても、幸せとは無関係で、大変になるだけなのです。いいことは何もありません。

どんな願いでも叶いますが、しかしとにかく、自分の本当の望み、本当の幸せ、そこにじっくりと向き合うことが何よりも大事です。

何のためにこのゲームをしているのかというと、基本的には、あなたがあなた自身の願いを叶えるためです。

なぜなら、あなたは「望み」が人間という形を纏って転生したものだからです。

このゲームの目的は、あくまであなたのやりたいことや願いを叶えたり、設定した課題をクリアするということであって、金持ちになることが目的でも、社会的に認められることが目的でも、いいパートナーを得ることが目的でもありません（たまに、例えばお金そのものが課題であったり、自分の課題を達成するうえでそれらが必要になる、また結果そうなるということはありますが）。

収入、パートナー、社会的地位、健康など、これらは生きていくうえではもちろん大事なことですが、これらを叶えたら幸せかというのは別問題です。

お金、いい仕事、パートナーなど、これらが全部揃っていても、やりたいことをやって

いなかったら幸せではないし、このゲームはクリアできません。

これまで引き寄せの法則をお伝えしてきた中で、自分の願いは本当に全部叶えながら10年が過ぎていきましたが、とにかく、本当の願いだったら、特別なことは何もしなくてもその方向へ流れが来るし、いずれ叶うということを身をもって何度も経験しました。

あなたが、あなた自身の望みを知り、それを本気で叶えたいと思うのであれば、**絶対に叶う**のです。

そもそも、そういう設定に人生はなっているのだから。

そもそも、人生はそれを経験するゲームなのですから。

あなたの設定、シナリオを思い出す、そこがいちばん重要です。

いわゆる引き寄せ的なもの、アファメーションとかイメージングとか、願いを叶える機械や技のようなもの、その他いろいろ、そのようなテクニック的なものは基本的に必要ないと私は思います。

そういうことが間違っているというわけではありません。

例えば、長財布を持っていればお金を引き寄せるというテクニックがあったとしましょう。それは、長財布を持っていたら金運が上がると信じている人にとっては有効ですが、万人がそうなるわけではありません。

こうすれば叶うよというテクニックはいろいろありますが、もしその中で、自分自身が「それおもしろそう、やってみたい」と思うものがあったら、やってみるのはいいと思います。

しかし、そのメソッドが願いを叶えてくれるのではなく、あなたが、自分のやりたいことを自分で選んでやった、それが、あなたにとっていいことをもたらすのです。

だから、長財布でも、長くない財布でも何でもかまいませんので、あなたが好きな財布、使いたい財布を使えばいいのです。

結局のところ、願いを叶えるためには、まず、**本当の願いを知って、その方向へ向かって自分自身が一歩踏み出すこと**です。あなたに湧き上がってくる願いは、叶うから湧き上がってきているということを信じてみましょう。

流れに乗る

人生は、設定のあるゲームなので、**場面や人が勝手に目の前に**流れてきます。

つまり、生きていれば、いろんな人に出会い、いろんなことが起こってきます。あなたが特に何かを起こそうとしなくても、いろいろなことが起こってきます。

それが、流れです。

その流れは、あなたのデータから来ているので、その流れに乗っていれば、あなたの人生は、そもそもの設定通りに進んでいくようになっています。

このように考えてみてください。

すべての人の人生は、設定通りに進もうとするレールの上に乗っているのですが、そこで、力を抜いてリラックスして、楽しんで委ねていれば、その

まま目的地に自動的に運ばれて行きます。

あなたのそもそもの設定、望みは、どうしたって叶うようになっているので、焦らなくても、心配しなくても、大丈夫なのです。

そのように、ちゃんと誰もがレールに乗っているのですが、ある人は、そのレールからそれようとしたり、降りようとしたり、逆行しようとしたりします。

しかし、レールに乗ったあなたという存在は、常に、あなたを設定通りの道、目的地に運ぼうとするので、もしそれようとすると、逆風が吹いたり、それを止めるためにトラブルが連発したりして、目的地に着くまでにものすごく大変になります。


あなたの人生の流れに逆らわないこと。

これは、このゲームを進めるうえでとても大事なことになります。

流れがわからない、流れをどう読むかわからないということもよく聞きますが、流れに乗るというのは、**トイレに行くのと同じくらい簡単**なのです。

トイレに行くときというのは、どのような順序をたどりますか?

トイレに行きたい、と内側から湧き上がってきますよね。トイレに行こうと決めたり、トイレに行きたいと事前に望まなくても勝手に湧き上がってきます。

トイレに行きたいから行く。

通常はこんな感じかと思います。

ここで、トイレに行きたい、と湧き上がってきているのに、

「いやいや、まだ時期じゃない」

「いやいや、これは本当の望みじゃない」

「いやいや、私には無理だ」

などと言ってトイレに行かない選択をしたら、不都合が起きるのは容易に想像できるでしょう。

逆に、トイレになんて行きたくないのに、行こうとしたとしたら、それも不都合が起きるのはわかりますよね。

そんな馬鹿なことをするわけないと思うかもしれませんが、実際、そのような行動をしている人はけっこう多いのではないでしょうか？

やりたいと湧き上がってきていても、時間が、お金が、私なんて、人目が――そんな感

じでやらないことは多いでしょう。

逆に、やりたくないのに、責任感や罪悪感などからやってしまっていることも多いでしょう。

そして、トイレに行くのに誰にも遠慮はいらないのですが、いざ他のやりたいことになると、何かや誰かに遠慮してしまうこともあるでしょう。

でも本当は、トイレに行きたいから行く。

それくらいシンプルに、物事を運べばいいのです。


流れを判断するときに、トイレに行きたいということくらい自然なことかどうか？ それをちょっと考えてみてください。

何も決めなくてもいいんです、勝手に湧き上がってきますから。

何もしようとしなくても勝手に湧き上がってくること、それこそ、「トイレに行きたい」のような感じで湧き上がってくること。

それにただ、素直に従えば大丈夫です。

そうした、湧き上がってくるもの＝流れは、本当に誰にでも来ますよね。それにちゃんと気づいてあげて、それを行動に移すこと。そうすれば、レールから外れることはありません。

湧き上がってくるもの＝あなたのデータの中にあるもの、です。あるものに意識を向けてください。**湧き上がってくることに敏感になってください。**

そして、湧き上がってきたら、なるべく速やかに行動に移してください。

流れは必ず来ます。

それに乗るかどうかは、あなたの選択です。

流れにただ乗ること。それが、そもそものレールの上をスムーズに移動して、最もいい形で目的地へとたどり着く方法です。

例えば、私自身の話ですが、あるとき、着物を着たいという思いが強くなったので、着る機会があれば着るようにしていました。しかし、こういうときに、面倒だとか、お金がかかるとか、そういう理由で行動に移さないという場合もあると思います。

しかし、面倒でも、多少お金がかかろうとも、湧き上がってきた思いは、できるだけ忠実に行動に移すようにしましょう。

マイブーム到来とか、スイッチが入る、というような現象が起きたときは、それは流れです。

やってみるべきだし、とことんのめり込んでみましょう。

しかし、それが人生のゴールかどうかは全くわかりません。**ただ、必要なことが起こっています。**

やりたいことをやりましょう、というと、すぐにそれが仕事になる、天職を見つける、と思う人が多いのですが、それも、そのときが来たらそうなりますが、その前にやらなくてはいけないことが設定されていることも多いのです。

ですので、仕事になる、ならないなど全く関係なく、興味を持ったことはやってみましょう。

結局、一時的なブームで去ったとしても、そうやってエネルギーを変化させたり、整えていくということが大事ですし、そこで何かを身につけて、次に生かすことができたり、後から、これがこうつながっていたのか、とわかることも多いのです。

とりあえず、来るものを受け入れる

前項でお伝えしたように、今回のあなたの人生ゲームに設定されているものに関しては、必ず人生の中でその流れがやってきます。**自分の設定に関係あるものは、必ず起こってきますし、必要な人とは出会います。**

その仕組みを理解していれば、流れが来るということは、そこに何か自分にとって大事なものがある、流れが来るものに対して信頼がある、という状態になることができます。

自分が本当に興味あること、自分が本当にやりたいこと、それを素直にやればいいのですが、でも、それがわからなかったり、抑え込んでいたり、無理だと思い込んでいたりして、自分でわからないという人も多いのは事実です。

もしわからなければ、まずは、

● 流れに乗る

●来るものを受け入れる

ということをやっていたら、シナリオに自然と乗れたり、そちらへ引き戻されたりしていきます。

なぜなら、その流れも自分、すべては自分だからです。

やりたくないことはやるな、というのは、ある程度、やりたいこととそうでないことがはっきりしてきた人向けのアドバイスと言えます。

しかし、多くの人は、やりたいことがわかってないので、その場合は、流れに乗る、来たものには意味がある、と考えてみるのがおすすめです。人生の設定というのは、自分ができることが設定されているのですが、少しチャレンジが必要なもの、というケースが多いのです。そうでなければ、ゲームの醍醐味がないからです。

ですので、**本当の心の奥底ではやりたいんだけど、自分には無理だから、などの理由でやりたくないことにしてしまっていることも多い**のです。

その場合は、表面上、やりたくないなと思っていても、やりたいことなのです。

ですので、流れが来たものに乗ってみる、ということをおすすめします。やってみて違った、でも全然かまいませんので、やってみないと始まりません。

ゲームが始まったときは、基本的にすべて忘れているので、個としての自分でわかる範囲にはやはり限界があります。ですので、**大きな流れに身を任せてみましょう。**流れはちゃんと、あなたが設定してきた方向へ導いてくれます。

人生は必ず、あなたがあなたでいる方向へ、あなたを常に導いてくれているのです。

それに気づけるか気づけないか。それをいかに信頼できるか。それにいかに委ねられるか。委ねるという姿勢でいると、自分の道に自然と乗っていき、起こることは起こるし、会うべき人には必ず出会うのです。

すべては自分ということが本当にわかれば、ただ、流れに委ねればいいので、先のことを心配しなくてよくなるし、常に、これでいいんだ、と思えるようになります。

流れを信頼する、ということができるようになると、とてもラクに生きられます。

信頼し、委ねることができたら、それが**安心安全の境地**です。

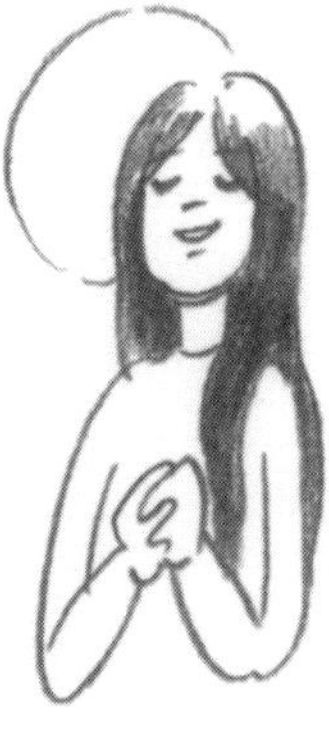

サインを見極める

このゲームには、サインも導きもあるとお伝えしましたが、サインは至って単純です。

こっちだよ、というようなサインもありますし、逆に、間違ったほうへ行こうとしたら、必ずサインが出て、ストップがかかります（本当にストップするかしないかは自分次第ですが）。

サインは明瞭に出るので、サインを見極めるというのは難しいことではありません。

いちばん簡単なサインは、何かをやろうとしたり、誰かに近づこうとしたときに、**逆風が吹いたら、一旦ストップ**です。そして**追い風が吹いたら、そのままやる**ということです。

逆風というのは、自分がそこに進もうとしても、大き

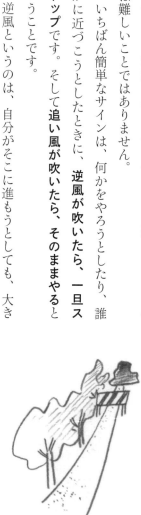

なトラブルや大きな障害があり、自分が進もうとしても進めない何かが起こる場合のこと。**違う方向へ行こうとすると、「そっちじゃないよ」というサインは必ず現れます。**

ただ、逆風が吹いたとしても、それが未来永劫絶対にダメなことというわけではなく、ただ時期が違うというだけのこともあるので、柔軟な姿勢でいましょう。今はダメでも、○年後は大丈夫ということはよくあることです。

未来を決め込むのではなくて、流れに任せていきましょう。先ほどお伝えした通り、流れはいつも、あなたを導いてくれています。信頼してみましょう。

例えば、旅行に行きたいな、と思っていても、その国の情勢がものすごく危険な状況になったりしたら、それは行くなというサインです。もっとわかりやすいのになると、飛行機が飛ばずに行けなかったりします。

STOPサインが出ているのに、無理に続けていると、病気になって結局続けられないというようなことが起こることもあります。

そんなふうに、サインは単純です。ひねって、裏とか考えなくていいのです。

追い風なのか、向かい風なのか、それを見るだけで大丈夫です。

乗り越えなければいけない壁とSTOPサインの違い

人生には、そもそもシナリオがあって、そのシナリオ通りに人生を進めれば、基本的にはスムーズに流れ、波に乗っているような感覚があり、そして願いは叶っていきます。

しかしそれは、嫌なことが全くないとか、乗り越えなくてはいけないものが何もないということではありません。

ちょっと大変なことがあったからと言って、それは道が違うんでしょうか？　と悩む方もいらっしゃるかと思うのですが、それは、そうとは限りません。

というのは、シナリオ通りに進むために、身につけなくてはいけないことがある場合、それを身につけるためにしんどいことが起こる、ということもあるからです。

例えば、仲間と一緒に何かをやる設定になっていたとして、その手前で、人を信頼するために何か事件のようなことが起こったり。

逆に、自立して何かをやる設定の場合は、自立するために、人を頼れないようになる何かが起こったり。

将来的に、多くの人に影響を与えるような何かをする設定になっている場合、その手前で、例えば、あることないことネットに書かれたり、批判されたりするようなことがあったりするかもしれません。しかしそれは、強くなるために必要なことだったりします。

何かしようとしたら知らない人から批判された、というようなことは、ほとんどがただの嫉妬か、まだ自分がそれをすることに対して何かしらの遠慮や罪悪感があることの反映か、強くなるために起こっていることなので、**本当にやりたいのなら、それを糧にして気にしないことです。**

ただ、あなたのことをよく知り、そしてあなたのことを本当に親身に考えてくれている身近な人が強く反対する場合は、そこに大事な何かがある場合があるので、無視しないようにしましょう。

このような感じで、自分の道を進むうえで、嫌なこと、大変なこともちろん起こり得ます。しかし、**その人が乗り越えられないことは起こりません。**そういうときは、頑張る必要もあります。

また、シナリオ通りに進めば、基本的にはトントン拍子に進むのですが、少しずつ進んで、時間がかかるということもあります。時間をかけたほうがいいこともこのゲーム上にはあるからです。

でも、自分さえその気なら、それを糧にして前へ進める状況であれば、それは、STOPサインではなくて乗り越えなくてはいけない壁です。

STOPサインというのは、自分が前に進もうとしても、どうしても進めない何かが起こる、例えば、引っ越ししようとしたのに審査が通らなかったとか、住みたい国があったのにどうしてもビザが下りなかったなど、自分ではどうしようもないことでSTOPがかかることです。

やれることは全部やって、それでもにっちもさっちも行かない、もしそういうことがあったとしたら、**そっちじゃないよ**、もしくは、**今じゃないよ**、ということです。

やりたいことはやればいいし、やりたくないことはやらなくていいのですが、それは、ちょっと何か嫌なことがあったり大変なことがあったら投げ出していい、ということではありません。

もちろん、長い人生、しんどいときはちょっと休憩というのはいいと思いますし、自分のエネルギーと全く違うこと、無理なことなら、それはやらなくていいです。

例えば、基本、自由なエネルギーの人が、いろんな縛りが多い環境にいたら、それは無理があるので何か不具合が起きてきます（そういう場合は、病気として現れることが多いと思います）。そういう場合は、すぐにでもその環境から離れたほうがいいでしょう。

しかし、自分のエネルギーを表現していくために、時に現れる大変なことや嫌なこと、それは、乗り越えなければいけない壁であって、乗り越えることにちゃんと意味があって、それを乗り越えたら、それなりの喜びや、やりたいことが叶うという達成が待ってます。

第二部－三　人生ゲームを進めていくうえで大切な考え方

まずはとにかく、いい気分でいること

ここからは、この人生ゲームを進めていくうえで大切なこと、大切な考え方をご紹介していきます。

私たちは、物事を、正しい、正しくない、で考えすぎますが、これを、**いい気分か、そうでないか、で選ぶようにしていきましょう。**これは言い換えると、考えるのではなく感じる、左脳より右脳の回路を強化するということです。

いい気分でいる、幸せでいると、**その周波数に合った現実**が選択されていきます。

また、考えすぎないことによって、あなたというデータに直接つながり、そこから直感という形でいろいろなサインやメッセージを受け取ることができるようになります。

本当の自分とは、すべてであるデータで、私たちの個々の肉体は、その出先機関のようなものですが、本当の自分から「こっちだよ」というようなメッセージをもらうことによって、出先機関での出来事がスムーズに運ぶわけです。

本当の自分は、すべてわかったところから、すべてを見渡しています。そして、本当の自分とともに、安心感を持って仮想現実世界を生きられるようになります。

あまり深く考えず、悩まず、きれいなものを見てきれいだなあ、おいしいものを食べておいしいなあ、お風呂に浸かって気持ちいいなあ、そのような感じでかまいませんので、できる限り、**いい気分を感じている、という時間を多く作っていきましょう。**

私自身、積極的にきれいなものを見にいくし、楽しいことをする労力は惜しみません。また、何か大変なことが起こってどうしてもいい気分になれないときも、それを考えないようにする努力をしたり、他のことに意識を向けるよう努力します。

物事を前向きに捉え、何事も前向きにチャレンジし、物事のいい面を見る。当たり前のことですが、このようなことを大事にしていたら、自然といい波動が出て、いい感じの道を選択していくことになります。

結局、**重なり合った次元の中で、自分が行きたい次元に自分の波動を合わせる。**

ただ、シンプルにそれだけなのです。

当たり前のことを当たり前にやっていく、それがこのゲームの最大の攻略法なのです。

あなたという存在もひとつではなくて、多次元に同時に重なって存在しています。

肉体はひとつですが、精神状態というのは、多次元にわたっています。調子がいいときとそうでないときで、別の自分が存在するように感じることもあると思います。

結局のところ、多次元に重なる自分の中で、いい波動を選択し、それを保てば保つほど、あなたのシナリオに基づいて最善の道が展開されていくということです。

コントロールするのは自分だけ

いい気分をどうやって選択していくのか、一例をご紹介します。

こんなお悩みを頂いたことがあります。

〈彼氏が浮気しているかもしれないのですが、どうしたらやめさせられますか？〉というもので、その人の望みとしては、彼氏はおそらく浮気しているだろうけど、浮気していない現実を引き寄せたい、ということでした。

つまりは、現実を自分の都合のいいように変えたい、他人を自分の都合のいいように変えたいということですが、現実を変えよう、他人を変えようという気持ちで何かをしても、ずーっと変わりません。

なぜ、現実を変えたいと思うのか？

なぜ、他人を変えたいと思うのか？

現実や他人が、変えないといけない問題があるものと自分が認識しているからです。そして、その認識通りの現実が引き寄せられるので、ずっと変わらないのです。

じゃあ、どうするか。

現実を変えようとするのではなく、現実はそのままだとして、自分の見方、考え方のほうを変えるのです。もし現状、「浮気しているかもしれない」という状況なら、そこから、浮気していないという状況を引き寄せていい気分になるのではなく、浮気しているかもしれない状況に対して、いい気分になるのです。

浮気しているかもしれない。

↓

もしそうだとしても、彼がそうしたいならしょうがない。彼は自由なのだから。

↓

彼が自由なのと同様に、私も自由だ。そして、私は浮気する彼ともう一緒にいたいとは思えない。

←　**別れたら、次のいい出会いがあるだろう。**

浮気しているかもしれない。

←　**浮気したら、もっと私のよさがわかるだろう。**

これらは考え方の例であって、これが正解ではありません。自分で考え方を選択していくことが大事です。

ここに紹介した例ですと、浮気しているかもしれないという状況は変わってなくても、気分は全く違うでしょう。これが、いい気分でいる、ということです。

そして、浮気しているのが悪いことで、浮気していないのがいいこととは全く限りません。なぜなら、あなたのシナリオ的に、もしその彼と別れたなら、その後に、すばらしい出会いが設定されているかもしれず、浮気はそのため（別れるため）に起こっている可能性もあるからです。

彼が浮気していても、それはうまくいっているということだし、浮気していなくても、うまくいっているということです。

浮気されたらつらいというのはわかります。でもなぜ、浮気されたらつらいのか。それは、彼を失うということもありますが、それよりも、自分が価値のないように感じるからだと思います。しかし、**浮気されてもされなくても、あなたの価値は何も変わりませんし、それを決めるのは彼ではなくてあなたです。**

これはもしかしたら、あなたがあなた自身の価値を見出すチャンスかもしれません。

このような感じで自分の考え方を修正した結果、どうなるか、それはわかりません。

もしかしたら、彼は浮気していなくてただの勘違いかもしれませんし、浮気をしているかもしれません。

いずれにせよ、それでうまくいっています。起こったことが何であれ、それが、いわゆるいいことであれ悪いことであれ、シナリオを遂行するうえで今のあなたにとって必要なことであり、最善のことだということです。

そして、あなたが何にも恐れていない状況、つまり、**浮気していようがしていまいが幸せは自分次第、という状態であればあるほど、現実はいい感じになっていきます。**

正解を求めなくていい

この仮想現実人生ゲームというのは、シンプルに、自分のやりたいこと、自分の本当の心に従って進めばそれでＯＫ、というのが基本ルールです。

人がどう言うか、人の評価や結果なんてどうでもいいので、**ただ自分の道を行く**、これだけなのです。

しかし「ただ自分の道を行く」と言っても、それが難しいのはよくわかります。

これは本当にやりたいことなのか、わからないこともあるでしょうし、いろんな迷いが生じます。

どれが正解なのか？　と考え始めるとわからなくなります。ゲームが進んできて、レベルが上がってくると、どれが合っていて、どれが間違っているかわかるようになってくるため、合っていたらやる、間違っていたらやらない、でもいいのですが、基本的には、**正解か、不正解かではなく、今、どうしたいのか、何ができるのかで選ぶしかない**のです。

この人生ゲームは、今はこれをやる時期だけど、それが最終ゴールではなくて、そこから何度も紆余曲折を経て、また別のことをやる、というような設定になっていることも多く、はっきり今すぐ白黒つけられるようなものではないのです。

　人生の最終ゴールに行くために、その手前で別の経験をしなければいけないようになっている。そういうこともよくあります。

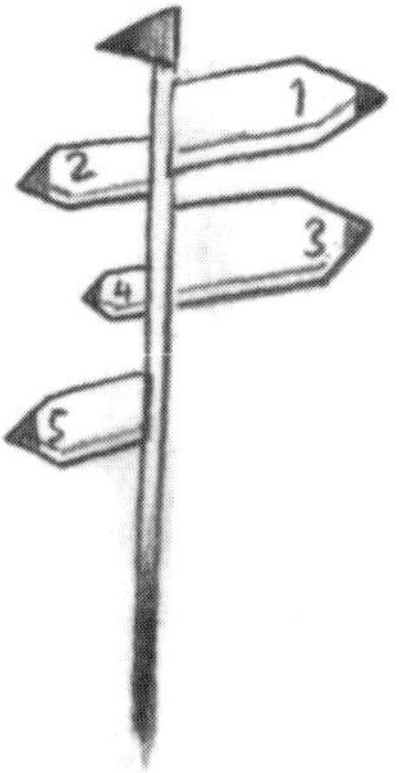

人生は短いとも言えるけど、長いのです。

　私が、今の仕事を始めたのは約十年前ですが、それより以前は、自分がこういう仕事をすることになるなんて想像もしていませんでしたし、これからもまだまだ未知のいろんな経験をするだろうというのもわかるし、今やっていることは今やるべきことだけど、それが人生が最終的に行き着くところでもないというのもわかっています。

　だから、今この流れが来ている、とか、今はこれがやりたい――それが、合っているか、最終的な答えかはわからないけれど、そのような感じで進んでいけばいいのです。

どれが正解とかはありません。答えはひとつではないのです。

正しい、正しくないがあるとすれば、あなたがあなたらしくいられる方向は正しく、そうでない方向は間違っているとは言えますが、それも、最初からわかるわけではなくて、徐々にわかっていくものです。

自分が今、選んだものが正解ですし、今はそれを選ばなくても、それがあなたのやるべきことであったら、いずれまたやるときが来ます。

そして、もし、本当の自分と違う方向へ進んでしまったとしても、ちゃんと、修正が利きます。

そして、**やってみるしかないのです。**もし、違ったものだったとしても、やってみることでそれが違うとわかるのです。

それが正解だからやるんじゃなくて、やりたいからやる。

そうしていれば、自然と流れに乗ります。

結果にこだわらない

　このようなご質問を頂いたことがあります。

〈職場に気になる人がいるのだけど、声をかけるべきでしょうか？　もうすぐその職場を辞めるので、今声をかけなければもう会えないかもしれないけれど、どうしたらいいでしょうか？〉

　この質問に対する回答は、「声をかけたいなら、かければいい」というシンプルなものです。

　ご質問してくださった方は、この相手とうまくいくにはどうしたらいいのでしょうか？という意味でのご質問だったと思いますが、**うまくいこうがいくまいが、うまくいっているのです。**

もし、声をかけたとして、それで距離が近づき、いい関係が始まったとしたら、それはそれでうまくいっているということだし、声をかけたとして、何も進展しなかったとしても、それは、その人は自分の人生にとって本当の意味で必要ではないので接近しないことで時間を無駄にしないで済んだ、ということでうまくいっているということだし、もしくは、そのときは何の進展もなかったとしても、そこで声をかけておくことで将来的に何かのきっかけになってまたどこかで接近するという設定になっているのかもしれないし（ただ、今はそれはわからないので、それを今追求する必要はないし、今はタイミングではない）、だとしたら、とりあえず声をかけたということだけでうまくいっているということだし、その人とは何も進展がなかったとしても、その、声をかけたという経験が次の人に生かされるかもしれないし、それはそれで、たとえその人と進展がなかったとしてもうまくいっているということだし、そしてもし、何もできずに（声をかけずに）職場を離れてしまい疎遠になってしまったとしても、もし、あなたの人生にとって本当に必要な人なら、またどこかで出会うだろうし、必要のない人なら出会わないだろうし、うまくいっているのです。

多くの方は、常識的に見てうまくいくこと（声をかけることでその人と進展があること）がいいことであり、結果をコントロールしたい、結果がこうでなくてはいけない、とそのように思考を持っていきがちですが、それが悩みやストレスの原因です。

しかし、**もし、結果がどうであったとしても、全部うまくいっているのだとしたら、どうでしょうか？**

悩みを持つことはできなくなります。

悩みというのは、結果にこだわるから生まれるのであって、どんな結果でもそれで全てがうまくいっているということがわかれば、悩みはなくなるし、あなたはより自由になることができます。

そして、もし、結果がどうであったとしても、全部うまくいっているのだとしたら、どうしますか？

ただ、自分のしたいようにすればいいと思いませんか？

それが真の自由ではないでしょうか？

ですので、この質問に対する回答は、「声をかけたいなら、かければいい」になるのです。

声をかけたいなら、かければいい、それでどうなるかはわからないけど、どうなったとしても、それが最善である。それが答えです。

どうなるか、というのはあらゆる可能性が同時に存在するので、わかりません（このまいけばこうなる可能性が大きい、というものは存在しますが）。

わかるのは、今、自分がどうしたいか、だけなのです。

ご質問くださった方は、声をかけたいから、このような質問が出たんだと思いますが、やりたいと思うことはやってみたほうがいいのです。

そして、声をかけてみたら、その人と進展があったとしてもなかったとしても、次の段階へ移行していくのです。

自分の中の「こうしたい」をひとつずつクリアしていくことで、ひとつずつ、扉が開いていって、次の景色が見えてきます。

これが幸せ、と決まった結果なんてありません。

起こったことが、最善なのです。

この例で言えば、声をかけて、進展があったとして、そのときはそれがいい結果だと思うかもしれませんが、そこから数年経てば、また別の願いが生まれているはずですし、それがいいことだったのかどうか、違った解釈になっていることもあり得ます。

言うなれば、いつでも経過、いつでもどこかに向かっている途中であり、結果なんてどこにもないのです。

こうでなければいけない、こうでなければ幸せでない、という結果へのこだわりから解き放たれて、

「今、すべてがうまくいっている、そしてこれからも、すべてがうまくいっている」

という視点を持ってみたら、本当に、物事はうまく流れ始めます。

結果を手放して、起こってくることを受け入れていきましょう。

それが、本当の自由への道です。

だから、本当に安心して、今の自分に立ち返り、今、どうしたいか、それに従えばよく、そして、何か起こったとしても、それが最善という視点を持ち、人生の流れに乗っていきましょう。

こうあるべきを手放す

お子さんについてのお悩みもよく頂きます。

宿題をしないのを何とかしたい、とにかくやることなすことすべてが気に入らない、何でも心配してしまう、などです。


お母さんからしたら、いろいろ心配したくなる気持ちはよくわかりますが、**一旦、子どもはこうあるべき、という思いを手放してみましょう。**果たして、宿題をしないことは悪いことなのでしょうか？　世の中には宿題のない学校もありますし、宿題をしなくても、他の方法で学ぶことはできます。

子どもはこうあるべき、という思いを持っているとすると、もし、そこから子どもが外れていたら、苦しくなるのはあなたです。そのときあなたは、自分の基準、自分のものさ

しに従わない子どもを悪と見なして、それを矯正しようとしますが、これまでご説明したとおり、**他人を変えようという試みはうまくいきません。**

それに、あなたの目に映る子どもの姿は、あなたの中にあるものです。つまり、子どもが心配ばかりさせるのはなぜか、それは、あなたが心配しているからなのです。

子どものこと以外にも、他人についてこうあるべきという思いを手放して、他人をあるがままに受け入れて、この人は変わらないとしたら、じゃあ自分はどうするか？　そのように考えていきましょう。

これは、人を嫌いになるな、ということではありません。

嫌いな人がいるのは当たり前ですが（好きな食べ物とそうでない食べ物、やりたいこととそうでないことがあるのと同じです）、その人を変えようとしない、ということです。その人が変わらないとしたら、離れるか、極力関わらないようにするなど、あなた自身が選択していけばいいのです。

他人をジャッジするものさしを極力持たない、つまり、他人に期待しなくなるととても楽になれます。

状況や他人が変わらないとして、自分はどうするか？　どう考えるか？　ということをしていって、**自分の考えやそこから起こる行動が変われば、あら不思議、状況や他人は変わります。**あなたの固定された思いが他人や状況を創っているので、そこを壊せば、変わるのです。

すべては善きことのために

先ほどご説明したように、うまくいっていないことは何もないのですが、もし、あなたが何かよくないなと思う出来事があったときでも、起こってきた出来事に対して、この出来事の**いい面は何か**を考えたり、これは自分に**何を気づかせようとしているのか**と考えたり、**何につながっているのだろう**と考える。

このようにしていくだけで、人生はシナリオに沿ってちゃんと展開されていきます。必要なことが起こり、必要な人に出会い、必要な学びを得るのです。

私自身、今まで、いいことも大変なこともいろいろとありました。しかし、大変なことも、思い通りにいかなかったことも、そうあったほうがいいからそうなっていたんだな、と後からあれでよかった、守られていたんだとわかることが何度もありましたし、なかなか進まないな、と思っていたことも、ちゃんとベストタイミングを待ってくれているだけだとわかることもありました。

すべて本当に完璧なタイミングで起こっていますし、動いてないようで物事は水面下でちゃんと動いているのです。

本当に、**すべてはうまくいってるし**、**すべては善きことのために**、つまり、**自分の本当の望み通りに動いている**のです。

先のことはわからないし、思い通りに行かないこともあるでしょう。

けれど、実は、流れの中で完璧に起こるべきことがちゃんと起こっているのです。

そしてその大きな流れにただ委ねればいいのです。

人間にとっていいことが最善とは限らないのです。

シナリオ自体にそこで気づきを得るという設定で、人生の谷が設定されていたとしたら、その谷を経験することが最善になります。

また、ちょっと大変だな、と思う道だけど、そこを通ることで、自分の本当に望んでいたことにたどり着けたり、重要な人物に出会う、ということもあ

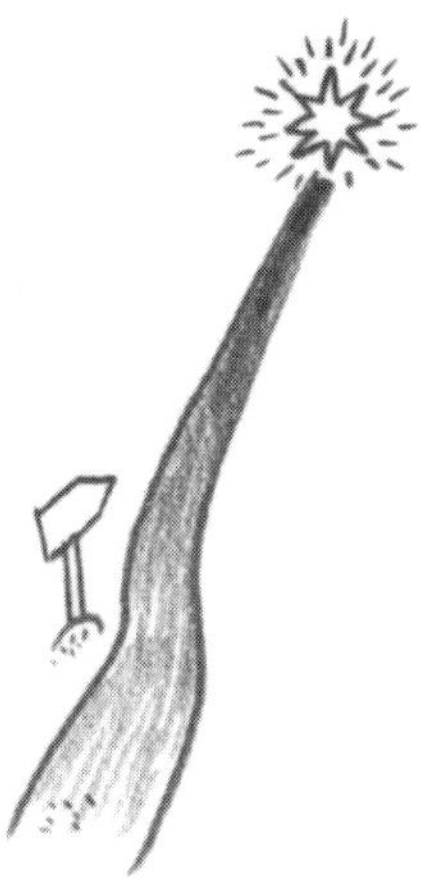

ります。

また、シナリオを外れてきたら、そこへ戻すような流れが働きますが、それがトラブルだったりすることは多いのですが、それも、シナリオへ戻すという意味において最善です。

ですので、目の前のことだけを見て、いい、悪い、ラクそう、大変そう、と決めつけることはできないのです。

ただ言えるのは、**何が起こったとしても、それは、自分がシナリオを全うするため（＝本当に望んでいることを実現するため）に起こっている**ということ。

それを信じることです。

いいことも悪いことも全部、本当にすべては完璧に起こっています。

どんな善きことか、たとえそれが今はわからなくても大丈夫なので、ただ、そう信頼してみましょう。

自分が信頼すれば、信頼できる現実が返ってきます。

善悪の基準

これは正しいか正しくないか、いいことなのか悪いことなのか、で悩むこともあるかもしれません。

そして世間には、いいことと悪いことというような区別がありますが、しかし、その判断基準は曖昧です。ある国ではいいことが、別の国では悪いことになることもありますし、同じ国で同じことをしても、時代によっていいことにも悪いことにもなり得ます。

実は、善悪の基準も、あなたの中にあります。

結局のところ、**あなたが自分に返ってきてもいいと思えるかどうか**です。すべては自分なので、あなたの出したものは全部、あなたに返ってきます。

ですので、今自分が思うこと、出している波動、自分の行動など、それらが自分に返ってきてもいいと思うのかどうか、**そこで、善悪を判断することができます。**

判断基準もすべて、自分の中にあるのです。

失敗はなく、経験があるのみ

自分の選択に、失敗はありません。

もし、選んだ後にこれじゃなかったな、と思ったとしても、自分にはこれは合わないとか、好きじゃないということがわかった成功体験です。だから、失敗しないようにしようとか、そういうことは考えなくて大丈夫です。

そのときそのとき、できる限り心に沿った選択をしたらいいですし、もしできなかったとしても、それはそれでいいのです。うまくいかせるには、成功させるには、と考えがちですが、**どんなことでもやってみる、経験してみる、それそのものが成功です。**

だから、頭で考えすぎないで、興味あることなら、何でも、踏み出してみましょう。

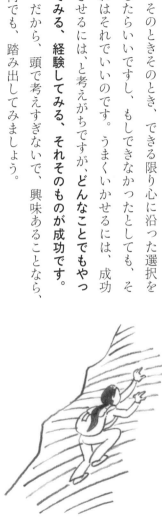

以前、こんな映画を観たことがあります。

弁護士を目指す大学を卒業したての女の子が、卒業旅行でバリ島に渡って、そこで現地の青年に出会って恋に落ちて、結婚しようとする。しかし、両親はそれを何とか阻止しようとさまざまなことを試みる。そして最後には、両親も結婚を認め、バリ島も気に入ってハッピーエンド、というあらすじで、ジョージ・クルーニーとジュリア・ロバーツが両親役で出演している映画です。

私も、過去、バリ島に渡り、バリ島の人と結婚していたので、とても共感しながらその映画を観ました。

現地の青年の実家が海苔の養殖場を家族で経営しているという設定で、多少は通常より裕福だと考えられるものの、バリ島の現地の家や結婚式の様子がものすごく豪華にきれいに描かれていて、こんな一般家庭は通常ないなというツッコミは入れたくはなるのですが（まあ映画なので仕方ないとして）、バリ島の美しい景色も存分に描かれていて、とても楽しめる映画でした。

最終的に、このアメリカ人女性は、バリ人男性と結婚してバリ島で暮らすというところでこの映画は終わるのですが（バリ島で暮らすといっても、南部の観光エリアではなく、海苔の養殖をしている田舎の青年の実家に暮らすのです）、現地事情を詳しく知る私からすると、この女性はこれから宗教の違いや文化の違い、考え方の違い、また、自分の可能性と島でできることのギャップなど、一筋縄では行かないことが数多く待ち受けていて、多くの困難が待ち受けているということは容易に想像できることなのです。

よほど、その青年、そしてバリ島を愛し、理解し、覚悟を決めないと乗り越えられないことだと思います。

もちろん、外国人であっても、本当に現地の生活に馴染み、溶け込み、バリの文化の中で生きるべくして生まれてきたような人もいますが、それはとてもまれなケースです。アジア人同士でも難しいですが、西洋人となるとなおさら難しいでしょう。

しかし、思ったのは、もし、私がこの女性と知り合いだったとしても、自分で決めて、結婚してこの島で暮らそうとしている今、それをその女性に言うことはないだろうということです。

この映画のように、親からしたら、結婚を阻止したくなる気持ちはすごくわかりますが、今、この女性に何を言っても意味をなさないし、この女性は、現地の人と結婚してそこで暮らすことによってしかわからないことがたくさんあって、その経験が彼女にもたらすものが彼女にとって必要だから、彼女は結婚することになったのだと思うからです。

将来的に、この結婚が続くか続かないかはわからないけれど、しかし、この結婚を通じてしかわからないこと、気づけないことがたくさんあると思います。

結婚生活が続くかどうかということはさほど重要なことではなく、やはり経験が大事だから、自分が何かに飛び込む際に、それが失敗する可能性があったとしても、今、本当にこうしたい、と思うことがあるなら飛び込むべきなのです。

うまくいったとしても、失敗したとしても、それがどちらでも、自分にしかできない経験を積めるわけで、その意味では、どんな結果になったとしても成功だということです。

私自身も、一度結婚して、13年の結婚生活の後、離婚していますが、それがもたらしてくれたものはとても意味あるものでしたし、その経験を経なければできなかったこと、わからなかったこと、気づけなかったこと、出会えなかったことなどが本当にたくさんあるなと改めて実感しました。

被害者意識から抜ける

この世は夢ですが、自分の心や望みが反映した夢です。

だから、何かが起こったときに、どうしてこの夢を私は見ているのか？　私の中にこの夢を見る要素があるとしたらそれは何か？　そうやって考えていくことが大事です。

以前、なかなか病気が治らない原因について、自分の中に、「心配してもらいたい。注目してもらいたい」という思いがあったということに気づいたというコメントを頂いたことがありました。このように、自分がどうして望まない現実を見ているのかに自分で気づけるようになると、被害者意識から抜け出すことができます。

そして、自分の思いに気づいたらどうしたらいいのか、なのですが、まず知っておいてほしいのは、**自分の思いに気づくだけでも現実は変わる**ということです。

今までの、自分を責めたり、他人を責めたり、他人を変えようとしていた波動がなくなるので、それだけでもそれ以前とは変わってきます。

そして、さらに現実を望む方向へ持って行くには、例えばこの場合ですと、自分が自分を心配して、かまってあげればいい、自分が自分に注目してあげればいい、自分が自分をわかってあげればそれでいいのです。

そして、自分以外の人が自分にかまってくれなくても、自分以外の人が自分に注目してくれなくても、自分以外の誰かにわかってもらわなくてもいいのです。

自分が自分にかまえば、他人はかまってくれるようになるし、自分が自分に注目すれば、他人は注目してくれるようになるし、自分が自分をわかってあげれば、他人はわかってくれるようになります。まず、他人にかまってもらいたい、他人に注目されたい、他人にわかってもらおう、とするのではなくて、**自分が自分をわかる努力、自分が自分をかまう努力、自分が自分に注目する努力、これらを頑張りましょう。**

今、もし困難な状況だったとしても、自分のどんな部分が映っているのか？　これによって私が得していることは何か？　と考えてみると何が見えてくるのか、考えてみましょう。そうすると、**本当に現実を自分が映し出しているのだ、選択しているのだ**と気づけるでしょう。**本当に、全部自分だったのか**という気づきが訪れる瞬間というのは、爽快と言っていいくらい心地いいものです。

私自身も、もし何かがあったとしても、それは自分自身をより深く知る出来事でしかないと思うので、そういう意味では、人生に悪いことは起こらなくなりました。

もし、何か望まないことに遭遇しても、自分の考え方を変えたり、ちょっと工夫すればいいだけなのです。もちろん、考えてもわからないこともあると思いますが、でもまず、考えてみるのが大事です。

すべての現実の原因についてわかる必要はないにしても、そうやって、現実をひも解いて、ああ、全部自分なのか、自分の思いが作っているのか、と気づくことは大事です。

それに気づけば、そして、**気づきが深ければ深いほど、何が起こっても、環境のせい、とか、他人のせい、をやめることができます。**

そう考え始めることこそ、自分が自分にかまう、自分が自分に注目する、自分が自分のことをわかってあげることなのです。

恐れは手放さなくていい

〈やりたいことはあるけど、**ブロック**や**恐れ**があるのですが、どうしたらいいですか？〉というようなご質問もよく頂きます。

例えば、お金のブロック、未知の場所や経験に対するブロック、もし家庭があるとしたら、自分だけ楽しんでいいのかなというようなブロック、人目に対するブロックなど、いろいろと考えられますが、ブロックがあるからできないという状態は、今の時点ではそこまでやりたいことではない、本気ではないということなので、ブロックをどうにかしようと思わなくても大丈夫です。

ブロックをどうこうしようとすればするほど、ブロックがある前提でブロックを意識し、強化することになってしまいます。

どんなことであっても、本当の本当にそうしたければ、人は何とかしてやります。

お金がなかったら、何とかしてお金を稼いだり引き寄せようとしたりするし、未知のものが怖くても本当にやりたい気持ちが勝れば行くだろうし、自分だけが楽しむのがどうしても無理だったら、家族も楽しめるようにしたりするでしょうし、**本当にしたいことは、最終的には人目も振り切ることができます。**

ブロックよりやりたい気持ちのほうが大きくなれば、必ずその願いは叶うので、ブロックはあるのが自然だし、あったままで全然かまわないので、それは放っておいて、**それが本当の本当にやりたいのか？** そちらを考えたほうがいいのです。

そこが固まれば、それは必ず実現します。

また、〈何かに踏み出す際に、**どうしたら恐れをなくせるんですか？**〉というご質問を頂くこともよくあります。

しかし、はっきり言って、やる前に恐れを完全になくすなんて無理なことなのです。

ただ、恐れをなくす方法はひとつだけあります。

それは、**その怖いことを怖いままやってみる**ことです。

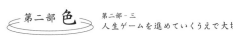

やってみたら、わかることがたくさんあって、わかってくるから怖くなくなります。

事前に頭で考えていたときは怖すぎたことも、実際にやってみたらそうでもなかったとか、考えすぎだったということは本当によくあります。

私自身、最初の本を出すときというのは、内容はこれでいいのかとか、どんな評価を受けるのかとか、本当に怖かったですが、今は、もう全然怖くありません。

なぜ怖くないかと言えば、経験を積んで、本を出すというのはこんな感じなんだ、出しても大丈夫なんだと思えるようになったからです。

とにかく、怖くてもやるしかありません。怖いままやるというのが、恐れをなくす唯一の方法です。残念ですが、やる前に恐れをなくす方法はないのです。

ほとんどの人は、今までやったことのないことに飛び込むのは怖いし、ましてや、それが本当にやりたいことなら、怖いのは当たり前なのです。本当にやりたいこと＝大事にしたいことなので、大事にしたいことであればあるほど、もしうまくいかなかったら、を考えてしまって怖いのです。

逆にいうと、**怖いことは正解です。**これが、恐れの意味するところなのです。**正解なので、それはやってみるべきだし、やってみたら、ゲームが一歩前へ進むのです。**ゲームが一歩前へ進むということは、あなたの願いが叶うのに一歩近づくということです。

自分とはすべてだ、という視点に立つ

パズルには、全体にひとつの絵柄が描かれていて、個人としてのあなたは、そのパズルの1ピースです。

それぞれのピースに描かれている図柄は違います。ひとつとして同じ図柄のものはありません。どこに置かれるかはみんな違うし、その1ピースの果たす役割もみんな違います。

しかし、ピースの素材はみんな同じですし、そもそもひとつのパズルです。

パズルのピースだったあなたは、いつの日か気づきます。

あ、自分って1ピースの役割を演じていたけど、実は、パズルそのものだった。

なんだ、自分もあの人もみんな自分の一部だったのかと。

もし、あなたが自分を1ピースだと思えば、自分のピースと

あっちのピースは違うということになります。

そこで、違いを認められればいいものの、違うからといって攻撃したりし始めるピースも出てくるでしょう。自分のピースの領土を増やそうと、隣のピースを侵略し始めるピースもいるかもしれません。

本当は、隣のピースを攻撃することも侵略することも無意味なのです。あなたはそのパズルそのものなのですから。


そこであなたが、自分とはパズルそのもの、パズル全体だったんだと気づけば、そのパズルのすべてのピースは、自分であり、そして、ひとつでも欠けると完成しないから、すべてが同等に必要な存在であるということがわかります。

また、みんな違うけど、ただ、役割を演じているだけなんだと。

そして、隣のピースを侵略しても意味がないとわかります。全部、自分の中で起こっていることだから。

つまり、**みんなが自分がパズルそのものだと気づけば、戦争はなくなります。**

ただし、この地球上には、どんなときも必ず「気づいている人」と「気づいていない人」

が存在するので、全員が気づくということは起こり得ないのですが（この仮想現実ゲームの根本は、本当の自分を思い出すというゲームなので、本当の自分を思い出していない人というのが必ず存在するのです）。

そして、自分がパズル全体であると気づくと、パズルのピースはピースであり、どうあがいても個人としての自分はそこのピース以外になるのは無理だということがわかり、個人としての自分も最大限、このままでいいんだ、と受け入れることができるようになります。

結局、**どこの視点に立つか**、ということです。

自分が**ピース（自我）**という視点に立つのか、**パズルそのもの（全体）**だという視点に立つのか？

そして、パズルそのものであるあなたは、あるとき、さらに気づきます。

あ、パズルがあって、そこに絵柄があるように見えるけど、これは仮想現実だった！

このパズルは、意識が生み出した映像であり、目に見えるものは本当は何もないんだった！

本当は何も存在しない。何も生まれてないし、何も起こってないし、何も死んだりしていないいんだと。

そのように、**パズル全体も消滅する**のです。

自分とはすべてだ、という視点に立てば、他人と自分は本質的に同じであり、区別はないため自我が消失し、そして、そもそものキャラクター通り、シナリオ通りの人生を力を抜いて歩んでいけるようになります。

自然体であなたらしく生きる

結局のところ、**あなたがあなたらしく、自然体で生きる。**

それに勝るものはありません。

あなたは、あなた以外を生きることはできません。

それは無理なんだ、とサレンダーしてしまいましょう。

自分は自分しか生きられない、だからこれでいいんだ、この状態がサレンダーです。

この状態が、この人生ゲームを進めるうえでは最強の状態です。

あなたというキャラの設定も、人生のシナリオも決まっています。それを変更することはできないし、あなたができることは、それに沿って、それを楽しんで生きることなのです。つまり、あなたがあなたのまま、自然体で生きていけばいいということです。

また、この本を通して、目覚めて生きていく、ということをお伝えしてきましたが、必

ずしも目覚めて生きていかなくてはいけない、というわけではありません。あなたが目覚めても、目覚めなくても、目覚める人がいても、目覚めない人がいても、みんな自分だから、どっちでも大丈夫なのです。誰が目覚めても、目覚めなくても全部自分なのですから。**目覚めている、ということは、目覚めていても目覚めていなくてもどっちでもいいし、どっちでも大丈夫ということがわかる、ということです。**

そして、大丈夫だということがわかれば、大丈夫な世界を創造します。

いろいろ書きましたが、**難しく考えず、あなたはあなたのまま、あるがまま、流れのまま、受け入れて生きていけば大丈夫です。**

結局のところ、あるがままで完璧だということを受け入れ、だから今に不足を感じず、ただ楽しみ、幸せを感じ、そして湧き出てくるものに従い、やりたいことをやりたいようにやって生きる。そして、今ないものを何も求めてない、今と違うどこかに幸せがあると思ってない、これが、探求の終わりではないでしょうか。

そのように生きていけば、迷いなく、すべてであるあなたと調和しながら、つまり目覚めて生きていけるでしょう。

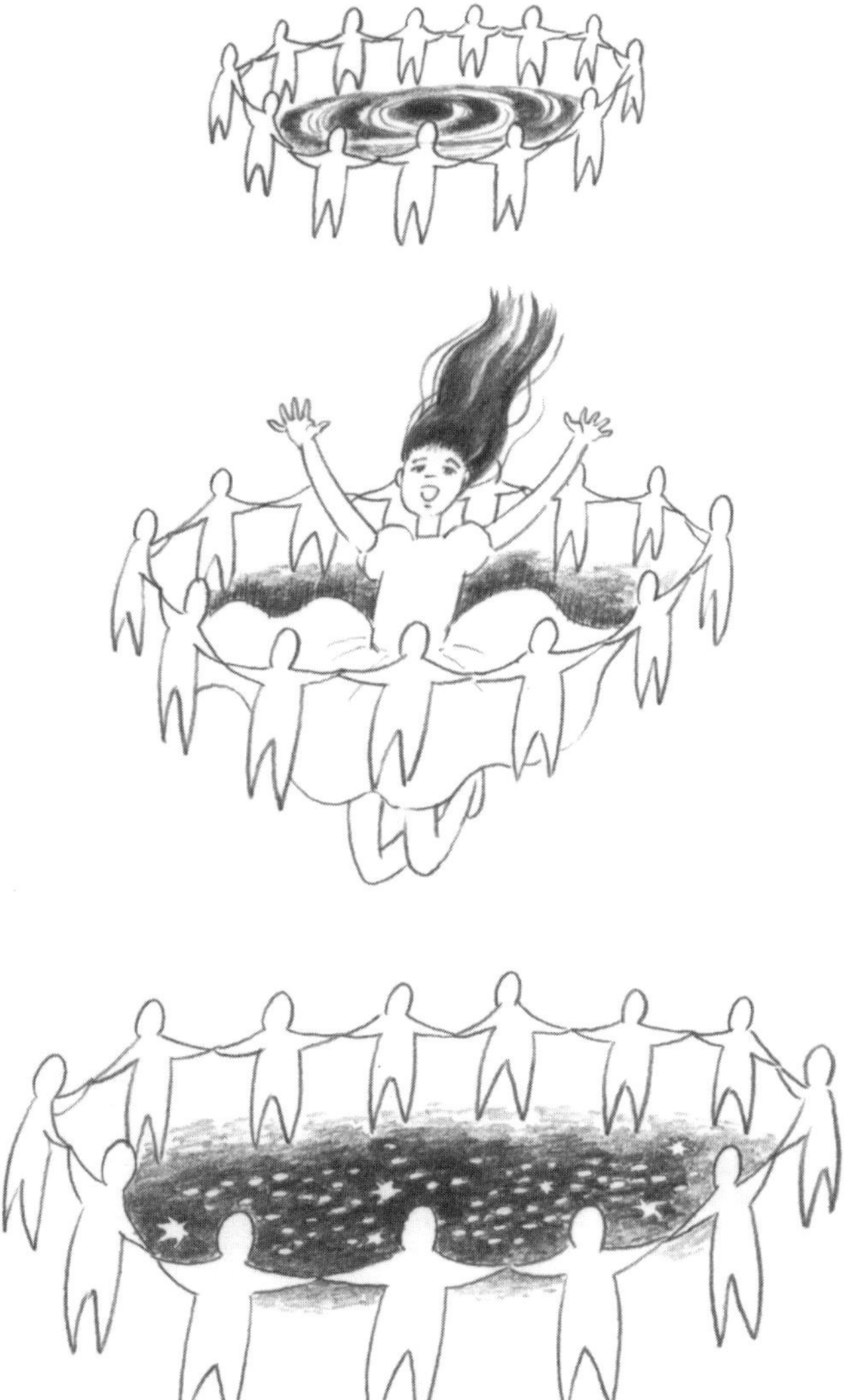

あとがき

本書をお読みいただき、ありがとうございました。

すでに読んでくださった方は、もうおわかりと思うのですが、この本は目覚めるための本ではなく、**誰もがすでに目覚めていることに気づくための本。そして、目覚めて生きていくための本です。**

この本を読むことで、あなたが本当の自分を思い出して、そして、すでに目覚めていたということに気づき、そして、目覚めなければいけないという思いから解放され、そしてその気づきとともに、これからの人生を本当の意味で自由に生きていくための助けになりましたら幸いです。

世界を物質的に見たとしたら、わからないことや理不尽なことも多いと思います。

しかし、空《くう》の視点、つまり、物質とはデータや波動によって映し出された映像であり、それを映し出している大本《おおもと》こそが本当の自分であること。

そして、人生はあなたの体験したいことが体験できるシナリオのあるゲームだということがわかると、見えてくることがたくさんありますし、目の前のことに右往左往することがなくなってきます。

そして、あなたはあなたの人生をあなたの思うがままに生きていけるのです。

目覚めて生きていく、ということは、あなたを縛るすべてのものから解き放たれて、真に自由に、あなたらしく、自然な生き方をするということ。

ひとりでも多くの人が、目覚めて生きていくこと、つまり、真に自分らしい生き方を選択することを願っています。

二〇二四年四月　奥平　亜美衣

著者プロフィール

奥平亜美衣（おくだいら・あみい）

Amy Okudaira

1977年兵庫県生まれ。お茶の水女子大学卒。

幼少の頃より、自分の考えていることと現実には関係があると感じていたが、2012年に『サラとソロモン』『引き寄せの法則―エイブラハムとの対話』との出会いにより、はっきりと自分と世界との関係を思い出す。

2014年より作家。引き寄せの法則に関する著書多数。累計部数85万部。2019年、初の小説および翻訳本上梓。2020年4月、コロナ騒動で自宅に引きこもっている間に、宇宙すべてが自分なのだ、という目覚めがあり、無であり無限である自分の本当の姿を思い出す。

目覚めて生きていく

●

2024 年 5 月 29 日　初版発行
2024 年 8 月 17 日　第 2 刷発行

著者／奥平亜美衣

カバー・本文イラスト／竹中りんご（おムすび）
装幀／阿部美樹子
編集／三浦久悦
DTP／鈴木 学

発行者／今井博揮
発行所／株式会社 ナチュラルスピリット
〒101-0051 東京都千代田区神田神保町 3-2 高橋ビル 2 階
TEL 03-6450-5938　FAX 03-6450-5978
info@naturalspirit.co.jp
https://www.naturalspirit.co.jp/

印刷所／シナノ印刷株式会社

ISBN978-4-86451-476-7 C0011

●新しい時代の意識をひらく、ナチュラルスピリットの本（★…電子書籍もございます）

アインソフの物語★

宇宙の秘密を解き明かす、始まりも終わりもない永遠の愛の旅

奥平亜美衣 著

四六判・上製／定価 本体 1500 円+税

僕はどこから来たの？
そしてどこへ行くの？

「君に、神ダアトからの言葉を伝えよう。この街にいるだけでは君の質問の答えはいつまでたってもわからない。ここを出て、出会う 100 人の人にその質問の答えを聞くといいだろう。ただし、出会う人すべての願い事を、それぞれひとつ叶えてあげなさい」。
100 人の願い事を叶えるため、アインソフの旅が今始まる！
「引き寄せの法則」から「覚醒」へ。奥平亜美衣が贈る、とっておきの魂の物語。

お近くの書店、インターネット書店、および小社でお求めになれます。